5 ASTUCES POUR DÉMARRER !

1) COMMENT RÉSOUDRE LES MOTS MÊLÉS

Les puzzles sont dans un format classique :

- Les mots sont cachés sans espaces, tirets, ...
- Orientation : Les mots peuvent être écrits en avant, en arrière, vers le haut, vers le bas ou en diagonale (ils peuvent être inversés).
- Les mots peuvent se chevaucher ou se croiser.

2) UN APPRENTISSAGE ACTIF

Un espace est prévu à côté de chaque mots pour noter la traduction. Pour favoriser un apprentissage actif un **DICTIONNAIRE** à la fin de cette édition vous permettra de vérifier et étendre vos connaissances. Cherchez et notez les traductions, trouvez-les dans le Puzzle et ajoutez-les à votre vocabulaire !

3) MARQUEZ LES MOTS

Vous pouvez inventer votre propre système de marquage. Peut-être en utilisez-vous déjà un ? Sinon, vous pourriez, par exemple, marquer les mots qui ont été difficiles à trouver d'une croix, ceux que vous avez aimés d'une étoile, les mots nouveaux d'un triangle, les mots rares d'un diamant, etc...

4) STRUCTUREZ VOTRE APPRENTISSAGE

Cette édition vous offre un **CARNET DE NOTES** très pratique à la fin du livre. En vacances ou en voyage ou à la maison, vous pouvez facilement organiser vos nouvelles connaissances sans avoir besoin d'un second bloc-notes !

5) VOUS AVEZ FINI TOUTES LES GRILLES ?

Allez à la section bonus **CHALLENGE FINAL** pour trouver un jeu gratuit à la fin de cette édition !

Simple et Rapide ! Découvrez notre collection de livres d'activités pour votre prochain moment de détente et **d'apprentissage**, à juste un clic de distance !

Trouvez votre prochain défi sur :

BestActivityBooks.com/MonProchainLivre

À vos marques, prêts... Partez !

Saviez-vous qu'il existe environ 7 000 langues différentes dans le monde ? Les mots sont précieux.

Nous aimons les langues et avons travaillé dur pour créer les livres de la plus haute qualité pour vous. Nos ingrédients ?

Une sélection des thématiques d'apprentissage adaptée, trois belles parts de divertissement, puis nous ajoutons une cuillère de mots difficiles et une pincée de mots rares. Nous les servons avec soin et un maximum de plaisir pour vous permettre de résoudre les meilleurs jeux de mots mêlés qui soient et d'apprendre en vous amusant !

Votre avis est essentiel. Vous pouvez participer activement au succès de ce livre en nous laissant un commentaire. Nous aimerions vraiment savoir ce que vous avez préféré dans cette édition !

Voici un lien rapide qui vous mènera à la page d'évaluation de vos commandes :

BestBooksActivity.com/Avis50

Merci pour votre aide et amusez-vous bien !

De la part de toute l'équipe

1 - Été

```
M  P  L  A  Ž  A  I  Z  N  P  S  P  Y  P
K  O  D  N  M  Z  F  V  Q  R  P  O  N  O
F  A  R  W  V  L  V  E  I  I  R  T  R  T
F  T  M  J  N  Y  O  Z  S  J  O  A  K  O
D  Z  Y  P  E  N  U  D  W  A  S  P  L  V
P  T  I  T  I  G  R  E  N  T  T  L  C  A
H  R  A  N  A  R  Z  Z  C  E  I  J  K  N
Z  H  D  D  D  K  A  L  S  L  T  A  S  J
D  R  U  Ž  I  N  A  N  M  J  E  N  A  E
O  W  V  F  F  J  H  I  J  I  V  J  N  C
P  R  O  S  T  I  Č  A  S  E  R  E  D  W
U  W  A  R  R  G  L  Q  K  H  T  M  A  Z
S  K  E  Q  V  E  S  E  L  J  E  O  L  L
T  G  L  A  S  B  A  W  N  I  I  G  I  L
```

PRIJATELJI	MORJE
KAMPIRANJE	GLASBA
ZVEZDE	HRANA
DRUŽINA	PLAŽA
VRT	POTAPLJANJE
IGRE	SPROSTITEV
VESELJE	SANDALI
KNJIGE	DOPUST
PROSTI ČAS	POTOVANJE

2 - Adjectifs #2

```
Q  R  M  P  B  E  Č  T  Q  P  Z  N  P  Z
W  C  H  K  N  A  F  I  S  U  H  A  O  S
O  P  I  S  N  O  B  Q  S  Y  Y  D  N  Y
D  I  V  J  I  R  M  D  O  T  Z  A  O  M
G  Z  A  N  I  M  I  V  O  N  A  R  S  G
O  D  R  A  M  A  T  I  Č  N  O  J  E  E
V  R  K  R  E  A  T  I  V  N  O  E  N  L
O  A  P  R  O  D  U  K  T  I  V  N  O  E
R  V  Y  N  A  R  A  V  N  I  N  F  M  G
E  V  E  R  O  D  O  S  T  O  J  N  O  A
N  Y  C  V  S  V  F  P  S  R  N  F  Č  N
M  I  S  R  L  R  O  M  O  Č  A  N  N  T
Y  W  I  O  A  S  L  A  V  E  N  G  O  N
D  K  E  P  N  Y  V  Z  Z  I  A  G  V  O
```

VERODOSTOJNO	NARAVNI
SLAVEN	NOVO
KREATIVNO	PRODUKTIVNO
OPISNO	MOČAN
NADARJEN	ČISTA
DRAMATIČNO	ODGOVOREN
ELEGANTNO	ZDRAV
PONOSEN	SLAN
MOČNO	DIVJI
ZANIMIVO	SUHA

3 - Exploration

```
P  P  R  O  S  T  O  R  J  P  R  B  Z  V
O  D  D  A  L  J  E  N  O  E  S  B  K  Z
G  O  I  A  I  Z  G  O  G  Ž  Z  K  F  N
U  O  K  V  G  E  U  V  G  I  D  I  W  E
M  M  I  N  J  G  M  O  N  V  N  O  K  M
K  P  P  I  S  I  T  T  B  A  E  D  A  I
N  E  Z  N  A  N  O  E  T  L  V  L  K  R
Z  R  M  B  M  P  M  N  R  I  A  O  T  J
E  I  Z  Č  R  P  A  N  J  E  R  Č  I  E
O  D  K  R  I  T  J  E  O  B  N  N  V  N
J  U  Y  Y  N  E  V  A  R  N  O  O  N  J
K  W  A  K  U  L  T  U  R  E  S  S  O  E
P  O  T  O  V  A  N  J  E  D  T  T  S  E
V  D  T  Y  F  K  Y  F  J  E  I  M  T  Y
```

AKTIVNOST	IZČRPANJE
ŽIVALI	NEZNANO
POGUM	JEZIK
KULTURE	ODDALJENO
NEVARNOSTI	NOVO
ODKRITJE	NEVARNO
ODLOČNOST	DIVJI
PROSTOR	TEREN
VZNEMIRJENJE	POTOVANJE

4 - Formes

```
P  W  K  P  L  V  B  H  N  V  G  L  W  R
I  L  O  H  O  R  O  B  O  V  I  N  O  P
R  U  P  I  D  L  W  E  G  A  C  R  V  K
A  V  R  P  K  P  I  T  M  L  Q  Y  A  R
M  I  A  E  R  O  G  G  G  J  V  T  L  O
I  B  V  R  I  W  Q  A  O  M  E  T  N  G
D  P  O  B  V  O  G  A  L  N  C  S  A  M
A  R  K  O  U  W  L  V  M  R  M  F  A  B
K  I  O  L  L  H  A  S  T  O  Ž  E  C  T
E  Z  T  A  J  W  V  T  T  N  D  R  O  K
M  M  N  S  A  U  P  I  D  R  J  A  Č  Z
H  O  I  L  A  B  K  O  C  K  A  Q  R  T
O  Z  K  E  L  I  P  S  A  W  Q  N  T  B
K  V  A  D  R  A  T  G  T  F  B  Q  A  I
```

LOK	ELIPSA
ROBOVI	HIPERBOLA
KVADRAT	ČRTA
KROG	OVALNA
VOGAL	POLIGON
KRIVULJA	PRIZMO
STOŽEC	PIRAMIDA
STRAN	PRAVOKOTNIK
KOCKA	SFERA
VALJ	

5 - Salle de Bains

```
P R S B O W B B U B B K Z G
B F T P E B R F Z C C U W V
J N R J U M I V A L N I K M
O T A M L O S J O N B M E O
G T N T Q R A O U I V P W A
Z Q I U J O Č H U U R L B
Š M Š U H T A P I P A E R S
K J Č M I L O D Š A M P O N
A O E P A R A S S R K R J F
R R P R F V P L T F K O G F
J S J E G O B A U U P G J B
E Z Z D L D F L Š M D A D T
O G L E D A L O U M M M C E
M E H U R Č K I D J L F F E
```

KOPEL
MEHURČKI
ŠKARJE
TUŠ
VODA
GOBA
UMIVALNIK
LOSJON
OGLEDALO

PARFUM
PIPA
MILO
BRISAČA
ŠAMPON
PREPROGA
STRANIŠČE
PARA

6 - Adjectifs #1

```
V  A  P  O  P  O  L  N  O  N  W  D  I  A
A  E  R  U  E  L  A  B  G  E  T  P  D  T
M  K  L  O  O  E  I  P  R  D  N  U  E  Z
B  P  T  I  M  P  K  D  O  O  T  G  N  E
I  R  P  I  K  A  R  K  M  L  A  D  T  K
C  I  O  S  V  O  T  V  N  Ž  N  N  I  S
I  V  M  K  O  N  D  I  O  E  E  R  Č  O
O  L  E  R  Y  V  O  U  Č  N  K  S  N  T
Z  A  M  E  A  B  M  A  Š  N  G  G  O  I
E  Č  B  N  P  S  E  S  K  E  O  A  G  Č
N  N  N  A  B  S  O  L  U  T  N  O  A  N
C  A  O  U  M  E  T  N  I  Š  K  A  N  O
C  D  T  M  O  D  E  R  N  O  T  E  T  E
P  O  Č  A  S  E  N  T  E  Ž  K  A  W  Z
```

ABSOLUTNO	ISKREN
AKTIVNO	IDENTIČNO
AMBICIOZEN	POMEMBNO
AROMATIČNO	NEDOLŽEN
UMETNIŠKA	MLAD
PRIVLAČNA	POČASEN
LEPA	TEŽKA
EKSOTIČNO	TANEK
OGROMNO	MODERNO
VELIKODUŠEN	POPOLN

7 - Instruments de Musique

```
M  C  R  Y  Z  K  L  A  R  I  N  E  T  H
N  A  O  N  B  B  L  M  A  R  I  M  B  A
I  E  S  Q  G  O  F  A  T  O  F  M  T  R
R  M  S  K  E  U  B  C  V  Q  D  K  R  F
V  I  O  L  I  N  A  E  S  I  T  T  O  A
T  A  M  B  U  R  I  N  N  W  R  O  B  F
R  S  S  G  I  F  V  V  W  E  T  L  E  L
O  O  B  O  A  U  B  B  C  H  A  K  N  A
M  A  R  N  I  H  Q  J  R  C  A  A  T  V
B  B  M  G  K  I  T  A  R  A  J  L  A  T
O  K  M  A  L  F  A  G  O  T  L  A  V  A
N  N  K  L  Q  I  H  B  A  N  J  O  J  A
W  K  C  C  M  B  C  F  B  H  T  Z  Q  B
P  M  G  J  J  S  L  E  P  F  I  B  J  B
```

BANJO	MARIMBA
FAGOT	TOLKALA
KLARINET	KLAVIR
FLAVTA	BOBEN
GONG	TAMBURIN
KITARA	TROMBON
ORGLICE	TROBENTA
HARFA	VIOLINA
OBOA	

8 - Échecs

```
H  J  K  B  P  I  P  P  R  A  V  I  L  A
I  G  D  E  M  Z  R  N  S  I  F  K  A  D
U  G  E  L  O  Z  V  T  U  R  N  I  R  W
B  K  R  A  D  I  A  G  O  N  A  L  N  O
N  R  T  A  J  V  K  B  K  R  Č  Z  R  S
A  A  Z  R  L  I  G  R  A  K  R  Č  Q  H
T  L  S  R  W  E  D  S  Q  R  N  V  A  K
E  J  M  P  F  U  C  B  M  A  A  B  Q  S
Č  I  B  A  R  N  T  E  Z  L  R  T  Z  M
A  C  Z  S  T  O  P  G  B  J  V  R  B  U
J  A  M  I  Ž  R  T  V  O  V  A  T  I  E
S  I  M  V  R  U  O  N  M  N  B  Z  S  Y
N  E  J  N  O  N  Č  V  I  S  G  B  L  L
B  W  V  O  G  B  K  E  V  K  M  O  F  Q
```

NASPROTNIK	PASIVNO
BELA	TOČK
PRVAK	KRALJICA
NATEČAJ	PRAVILA
IZZIVI	KRALJ
DIAGONALNO	ŽRTVOVATI
IGRA	ČAS
IGRALEC	TURNIR
ČRNA	

9 - Herboristerie

```
G  C  H  R  F  P  U  H  L  R  K  O  T  Y
A  R  O  M  A  T  I  Č  N  O  A  D  I  J
J  Č  H  Y  S  I  V  K  A  Ž  K  B  M  T
Z  E  K  M  R  H  E  Z  S  M  O  M  I  Q
H  S  W  O  L  O  W  P  M  A  V  A  J  K
P  E  T  E  R  Š  I  L  J  R  O  J  A  K
T  N  P  E  W  O  J  O  Z  I  S  A  N  O
Ž  A  F  R  A  N  M  Q  K  N  T  R  P  R
Z  A  V  R  T  H  O  A  N  U  E  O  E  I
E  P  O  C  M  V  S  T  Č  M  S  N  H  S
L  T  Y  Q  M  C  T  U  C  V  E  T  T  T
E  F  B  A  Z  I  L  I  K  A  C  T  R  N
N  T  M  K  U  L  I  N  A  R  I  K  A  O
A  M  B  P  P  S  E  S  T  A  V  I  N  A
```

ČESEN	SIVKA
AROMATIČNO	MAJARON
BAZILIKA	META
KORISTNO	PETERŠILJ
KULINARIKA	KAKOVOST
PEHTRAN	ROŽMARIN
KOROMAČ	ŽAFRAN
CVET	OKUS
SESTAVINA	TIMIJAN
VRT	ZELENA

10 - Véhicules

```
A V T O B U S S L K V Y S P
T R K E T R M J P W A S K O
R R P I L O H G N L K J U D
V L A K F D M T E E A M T M
H Y J J T M Y A V T R V E O
W E F Q E I F K M A A T R R
W I Z V T K T S A L V P A N
I T P I S G T I T O A V V I
R T R A K T O R I V N A T C
D A M O T O R B K I A N O A
S J K G K R L H E S Q B A E
L R O E H E L I K O P T E R
O R L E T O V O R N J A K M
B Č O L N A M B U L A N T A
```

AMBULANTA	PNEVMATIKE
LETALO	SPLAV
ČOLN	SKUTER
AVTOBUS	PODMORNICA
TOVORNJAK	TAKSI
KARAVANA	TRAKTOR
TRAJEKT	VLAK
RAKETA	VAN
HELIKOPTER	KOLO
MOTOR	AVTO

11 - Camping

```
P  F  B  Z  Š  O  J  F  D  Q  Z  K  H  P
K  E  Y  K  L  O  B  U  K  H  E  E  Y  U
S  S  V  K  S  P  T  E  K  O  M  P  A  S
L  U  N  A  E  R  A  O  V  I  L  L  H  T
F  E  N  N  J  E  Z  E  R  O  J  O  J  O
E  B  Q  U  K  M  Ž  N  F  H  E  V  V  L
P  O  Ž  A  R  A  W  U  N  R  V  L  G  O
Ž  I  V  A  L  I  B  I  Ž  D  I  U  O  V
N  B  R  N  E  B  I  I  G  E  D  Č  R  Š
A  F  V  P  S  P  T  H  N  W  L  O  A  Č
R  B  G  I  Z  A  V  F  G  A  V  K  E  I
A  V  I  S  E  Č  A  M  R  E  Ž  A  E  N
V  B  F  Y  C  U  R  K  U  I  U  Y  U  A
A  D  L  E  G  O  Z  D  I  F  Z  I  I  J
```

ŽIVALI	POŽAR
PUSTOLOVŠČINA	GOZD
KOMPAS	VISEČA MREŽA
KABINA	ŽUŽELKE
KANU	JEZERO
ZEMLJEVID	LUČ
KLOBUK	LUNA
LOV	GORA
VRV	NARAVA
OPREMA	ŠOTOR

12 - Conservation

```
O E L Z K C N P Z I W T N O
K R T D H H N P E Z P R C N
O W G R C W Q S L O R A H E
L A P A T I D U E B O J A S
J S O V N W K R N R S N B N
S Z D J P S E E A A T O I A
K M N E E P K C L Ž O S T Ž
I A E N S R O I L E V T A E
Y N B A T E S K V V O N T V
B J J R I M I L Z A L O I A
M Š E A C E S I T N J P A N
B A O V I M T R B J E T I J
I J T N D B E A Z E C T V E
W M L I I E M J V O D A W V
```

PROSTOVOLJEC   HABITAT
SPREMEMBE   NARAVNI
PODNEBJE   ORGANSKI
CIKEL   PESTICID
TRAJNOSTNO   ONESNAŽEVANJE
VODA   RECIKLIRAJ
OKOLJSKI   ZMANJŠAJ
EKOSISTEM   ZDRAVJE
IZOBRAŽEVANJE   ZELENA

13 - Écologie

```
F  R  T  H  W  F  H  R  K  T  L  F  V  K
G  O  R  E  I  A  F  A  T  R  V  H  Y  S
P  M  M  K  D  V  Y  S  M  A  B  A  N  K
R  O  H  L  F  N  V  T  H  J  G  B  A  U
O  Č  D  P  O  A  I  L  J  N  Y  I  R  P
S  V  O  N  F  K  R  I  S  O  R  T  A  N
T  I  E  C  E  L  I  N  U  S  G  A  V  O
O  R  J  U  N  B  O  E  G  T  U  T  N  S
V  J  I  Y  V  J  J  R  L  N  P  Š  I  T
O  E  V  R  S  T  E  E  A  O  K  S  A  I
L  M  O  R  S  K  I  N  A  R  A  V  A  H
J  R  A  Z  N  O  L  I  K  O  S  T  V  I
C  P  R  E  Ž  I  V  E  T  J  E  S  B  C
I  V  E  G  E  T  A  C  I  J  A  V  F  E
```

PROSTOVOLJCI	MORSKI
PODNEBJE	GORE
SKUPNOSTI	NARAVA
RAZNOLIKOST	NARAVNI
TRAJNOSTNO	RASTLINE
VRSTE	VIRI
FAVNA	SUŠA
FLORA	PREŽIVETJE
HABITAT	SORTA
MOČVIRJE	VEGETACIJA

14 - Astronomie

```
G  H  M  R  K  M  E  G  L  I  C  A  O  O
N  U  E  Q  L  U  N  A  B  A  D  K  D  B
A  S  T  R  O  N  A  V  T  S  S  O  A  S
E  W  E  Z  L  I  K  N  O  T  U  Z  C  E
E  Q  O  S  U  M  O  E  Z  E  P  M  I  R
R  G  R  D  M  W  N  B  V  R  E  O  S  V
C  A  A  K  L  B  O  O  E  O  R  S  O  A
R  D  K  L  N  T  Č  V  Z  I  N  S  N  T
B  E  B  E  A  Z  J  Z  D  D  O  E  Č  O
M  R  H  E  T  K  E  K  J  U  V  N  R
D  Q  Y  A  I  A  S  D  E  Z  A  A  I  I
Z  E  M  L  J  A  E  I  Q  Q  E  N  Q  J
A  S  T  R  O  N  O  M  J  W  S  J  W  W
V  E  S  O  L  J  E  P  L  A  N  E  T  Y
```

ASTEROID	LUNA
ASTRONAVT	METEOR
ASTRONOM	MEGLICA
NEBO	OBSERVATORIJ
OZVEZDJE	PLANET
KOZMOS	SEVANJE
MRK	SONČNI
ENAKONOČJE	SUPERNOVA
RAKETA	ZEMLJA
GALAKSIJA	VESOLJE

15 - Types de Cheveux

```
M B U H P L E T E N O D S K
D E N J B Z P Z A C V O R O
E L H K Q D V S U H A L E D
B A O K K R H A B V U G B R
E T D I O A Q I L W G A R I
L C V T D V W R O O W K O K
T F C E R R K J N N V P C H
P L E Š A S T A D M S I V A
V C M K S I Y V L I E Y T F
Z P A T T J P R Č N I Z A A
K L H S I O F W T R M G N Y
K S S I U Č E T U C N D E O
A P Q M O E F F F A G A K A
N A L F K R A T E K E B G I
```

SREBRO	SIVA
BELA	DOLGA
BLOND	RJAV
KODRI	TANEK
SIJOČE	ČRNA
PLEŠAST	VALOVITA
KRATEK	ZDRAV
MEHKO	SUHA
DEBEL	KITE
KODRASTI	PLETENO

16 - Restaurant #1

```
N M W R P B O D O G Q L S S
A O T E I L P M Z E T N K E
T A Ž Z Š A L E A Y S A L S
A L F E Č G O N Č K L U E T
K E A R A A Š I I R A H D A
A R W V N J Č A N U D R A V
R G O A E N A K J H I A Y I
I I B C C I C R E F C N U N
C J H I Z K M H N J A A L E
A A Z J I R A K U H I N J A
U N I A A Y C V P K L C E P
P R T I Č E K B A K T J T R
C R U A O E Z M U M E S O U
C H G T C M A U F Q M V L E
```

ALERGIJA

PLOŠČA

SKLEDA

KAVA

BLAGAJNIK

NOŽ

KUHINJA

SLADICA

ZAČINJEN

SESTAVINE

MENI

HRANA

KRUH

PIŠČANEC

REZERVACIJA

OMAKA

NATAKARICA

PRTIČEK

MESO

17 - Mammifères

```
A  H  Ž  H  Q  G  V  O  L  K  M  Y  K  V
Z  T  I  E  F  K  O  N  J  F  G  L  E  J
Q  P  R  P  O  O  P  R  B  Z  H  T  N  L
G  J  A  E  M  J  I  A  I  S  Q  J  G  E
K  L  F  S  B  O  C  Q  K  L  H  T  U  V
R  I  A  P  R  T  A  P  K  O  A  I  R  W
P  S  T  Z  A  J  E  C  N  N  I  G  U  I
R  I  Q  J  O  Q  R  J  R  H  V  E  B  I
O  C  C  M  R  N  S  Q  M  D  O  R  E  G
C  A  R  K  M  Z  S  N  E  E  L  V  G  V
T  M  E  D  V  E  D  H  O  L  I  I  C  V
P  L  B  A  W  B  U  I  S  F  I  L  A  E
H  H  K  N  U  R  H  U  I  I  K  N  G  T
M  A  Č  K  A  A  N  W  T  N  L  M  A  G
```

KIT	ZAJEC
MAČKA	LEV
KONJ	VOLK
PES	OVCE
KOJOT	MEDVED
DELFIN	LISICA
SLON	OPICA
ŽIRAFA	BIK
GORILA	TIGER
KENGURU	ZEBRA

18 - Sports

```
P  I  N  F  K  I  T  S  I  S  Y  V  T  G
Z  R  M  U  O  G  R  T  O  K  B  A  E  O
Z  A  V  G  L  F  E  A  Q  D  H  N  N  L
R  M  T  E  O  B  N  D  Q  Š  N  G  I  F
D  R  A  G  N  M  E  I  D  P  K  I  S  E
D  F  Q  G  V  S  R  O  G  O  O  M  K  K
G  A  Z  K  O  D  T  N  P  R  Š  N  H  I
I  G  R  A  N  V  Y  V  H  T  A  A  C  P
G  I  R  C  D  P  A  F  O  N  R  S  R  A
R  B  M  C  V  C  D  L  K  I  K  T  I  V
A  A  I  J  C  M  Z  T  E  K  A  I  G  A
L  N  H  C  Y  P  Q  U  J  C  H  K  S  S
E  J  B  A  S  E  B  A  L  L  L  A  V  V
C  E  H  B  Z  F  N  G  S  M  C  Z  S  W
```

SODNIK	GIMNASTIKA
ŠPORTNIK	HOKEJ
BASEBALL	IGRA
KOŠARKA	IGRALEC
PRVENSTVO	GIBANJE
TRENER	STADION
EKIPA	TENIS
ZMAGOVALEC	KOLO
GOLF	

19 - Chocolat

```
G  E  A  S  K  A  R  O  M  A  V  L  Z  A
I  K  N  S  L  A  D  K  A  R  I  J  E  D
N  S  T  O  M  R  R  E  C  E  P  T  J  Z
A  O  I  C  I  A  K  A  K  O  V  O  S  T
J  T  O  S  D  Š  J  S  M  O  K  Y  E  H
L  I  K  V  M  I  P  L  Y  E  S  V  S  R
J  Č  S  O  U  D  R  A  J  F  L  C  T  E
U  N  I  D  K  I  A  D  E  W  A  A  A  P
B  O  D  L  G  U  H  K  N  Q  D  C  V  E
Š  Z  A  I  A  R  S  O  S  T  K  A  I  N
I  C  N  Č  Y  Y  E  R  H  G  O  O  N  E
C  E  T  N  V  T  M  N  R  E  Z  L  A  N
B  B  Z  O  W  W  D  S  K  O  K  O  S  J
K  A  L  O  R  I  J  M  Q  O  Z  P  O  E
```

GRENKO	HREPENENJE
ANTIOKSIDANT	EKSOTIČNO
AROMA	NAJLJUBŠI
SLADKARIJE	OKUS
ARAŠIDI	SESTAVINA
CACAO	KOKOS
KALORIJ	PRAH
KARAMELA	KAKOVOST
ODLIČNO	RECEPT
SLADKO	SLADKOR

20 - Mathématiques

```
E  P  O  L  M  E  R  N  R  Q  I  P  B  T
N  O  T  O  P  S  U  K  V  A  D  R  A  T
A  L  B  B  G  F  U  I  Z  V  G  A  O  D
Č  I  V  O  P  E  L  K  P  S  P  V  J  Z
B  G  K  D  F  P  O  E  O  O  S  O  R  K
A  O  A  O  J  C  M  M  R  T  A  K  V  P
D  N  T  W  T  Z  E  C  E  A  E  O  T  R
B  F  N  J  Y  I  K  T  D  T  A  T  M  E
U  E  K  S  P  O  N  E  N  T  R  N  G  M
K  J  G  Q  Z  R  D  G  O  O  H  I  N  E
D  E  C  I  M  A  L  N  O  H  B  K  J  R
S  I  M  E  T  R  I  J  A  A  P  S  C  A
Y  B  A  R  I  T  M  E  T  I  K  A  E  L
P  R  A  V  O  K  O  T  N  O  R  E  P  G
```

KOTI	GEOMETRIJA
ARITMETIKA	VZPOREDNO
KVADRAT	PRAVOKOTNO
OBOD	OBSEG
DECIMALNO	POLIGON
PREMER	POLMER
EKSPONENT	PRAVOKOTNIK
ENAČBA	VSOTA
ULOMEK	SIMETRIJA

21 - Mythologie

```
S  N  U  S  H  S  Č  P  O  Š  A  S  T  B
M  E  S  J  B  Y  T  A  K  S  K  Z  V  A
R  S  T  Z  R  Z  D  R  R  Q  K  M  L  C
T  M  V  S  P  T  M  V  E  O  N  J  J  P
N  R  A  R  H  E  T  I  P  L  B  U  U  F
I  T  R  L  J  U  N  A  K  R  E  N  B  K
V  N  J  S  A  L  E  G  E  N  D  A  O  U
U  O  A  G  B  B  B  M  O  Č  Y  K  S  L
R  S  N  K  P  E  I  V  R  R  T  I  U  T
O  T  J  W  K  P  T  R  C  S  H  N  M  U
H  Q  E  J  G  O  J  Y  I  L  V  J  J  R
V  E  D  E  N  J  E  S  M  N  B  A  E  A
K  A  T  A  S  T  R  O  F  A  T  S  W  C
E  P  P  S  E  G  R  O  M  R  G  G  L  I
```

ARHETIP	JUNAK
KATASTROFA	NESMRTNOST
VEDENJE	LJUBOSUMJE
USTVARJANJE	LABIRINT
BITJE	LEGENDA
KULTURA	ČAROBNO
STRELE	POŠAST
MOČ	SMRTNI
JUNAKINJA	GROM

22 - Restaurant #2

```
V Y R O S T O L R M M A R A
J U H A D O T S J I O A M K
D N V K V L L B O D L Z V G
R N I D N E I A I I N E T M
E N J R R D V Č T O B L A Z
Z A Č I M B E A N A I E T Y
A T S B D P Č F A O S N L W
N A B E Q R E I P J A J C A
C K F F T O R T A I D A I V
I A R Ž N C J P T M J V Q O
K R Y L A G A S O L E A O D
K O S I L O V I L I C E Č A
Q H A C P B T L G W W C P A
H G O A G N H V F H T I Z Y
```

PIJAČA	TORTA
STOL	LED
ŽLICA	ZELENJAVA
KOSILO	REZANCI
ODLIČNO	JAJCA
VEČERJA	RIBE
VODA	SOLATA
ZAČIMBE	SOL
VILICE	NATAKAR
SADJE	JUHA

23 - Couleurs

```
R  A  D  Z  Y  G  C  M  Y  V  Y  A  L  V
O  D  A  C  V  F  R  E  Q  K  S  I  V  A
Z  B  E  L  A  U  I  R  U  C  E  P  F  B
A  E  U  Č  K  K  M  P  S  W  P  L  Z  V
H  Ž  L  S  A  S  S  D  G  D  I  W  F  V
N  M  A  E  M  I  O  M  M  O  A  K  W  J
I  O  H  V  N  J  N  Č  R  N  A  Y  U  B
H  D  Y  O  I  A  L  Q  G  S  P  V  R  B
O  R  A  N  Ž  N  A  D  V  B  Z  T  M  O
L  A  J  Z  K  R  N  B  R  U  M  E  N  A
A  J  Z  A  I  N  D  I  G  O  F  Y  G  O
C  F  A  H  V  S  I  N  J  A  J  F  V  V
M  A  G  E  N  T  A  G  F  Y  I  Y  F  M
F  Y  M  B  C  V  I  J  O  L  I  Č  N  A
```

BEŽ	MAGENTA
BELA	RJAV
MODRA	ČRNA
CRIMSON	ORANŽNA
SINJA	ROZA
FUKSIJA	RDEČA
SIVA	SEPIA
INDIGO	ZELENA
RUMENA	VIJOLIČNA

24 - Avions

```
P  I  V  Z  N  M  P  P  U  G  N  V  Z  P
R  Z  G  R  A  D  N  J  A  O  E  I  G  U
I  K  N  A  P  K  S  D  C  R  B  Š  O  S
S  S  R  K  I  Y  L  C  L  I  O  I  D  T
T  P  R  D  H  S  V  A  V  V  L  N  O  O
A  O  N  W  N  E  V  D  M  O  U  A  V  L
N  T  R  Z  I  S  P  I  L  O  T  C  I  O
E  N  M  Z  A  T  V  O  D  I  K  D  N  V
K  I  Q  O  A  O  P  O  S  A  D  K  A  Š
B  K  I  Y  S  P  P  O  M  R  U  T  G  Č
B  A  P  S  U  F  J  O  E  O  J  T  Q  I
I  V  L  U  I  W  E  G  R  P  T  W  S  N
C  C  A  O  E  P  N  R  L  Z  J  O  E  A
M  W  L  P  N  J  G  M  A  Z  P  B  R  M
```

ZRAK	SMER
ATMOSFERA	POSADKA
PRISTANEK	NAPIHNI
PUSTOLOVŠČINA	VIŠINA
BALON	ZGODOVINA
GORIVO	VODIK
NEBO	MOTOR
GRADNJA	POTNIK
SESTOP	PILOT

25 - Aventure

```
N O V O P F H P S H V N R N
N E B N E V A R N O B E S A
A Z J W I Z Z I V I J N B V
V N U C U A Z L E I L A E D
I A K T I V N O S T E V Q U
G R I F J L F Ž E I P A A Š
A A Q Z Q W J N L N O D P E
C V E D L I P O J E T N O N
I A B L O E G S E R A O G J
J Z Z A F N T T S A D J U E
A P R I P R A V A R T W M J
T E Ž A V N O S T U G A N C
P R E S E N E T L J I V O B
C R V A R N O S T Q N B G N
```

AKTIVNOST	NENAVADNO
LEPOTA	ITINERAR
POGUM	VESELJE
PRILOŽNOST	NARAVA
NEVARNO	NAVIGACIJA
CILJ	NOVO
IZZIVI	PRIPRAVA
TEŽAVNOST	VARNOST
NAVDUŠENJE	PRESENETLJIVO
IZLET	

26 - Ville

```
K  N  L  L  G  H  B  I  A  Y  H  C  B  O
N  K  Y  Ž  I  V  A  L  S  K  I  V  R  T
J  H  M  P  Y  Q  H  B  E  W  Z  E  R  P
I  B  J  U  P  S  G  A  K  J  D  T  G  S
G  G  L  E  K  A  R  N  A  Š  O  L  A  U
A  T  L  B  A  N  K  A  Z  M  P  I  L  P
R  H  L  E  T  A  L  I  Š  Č  E  Č  E  E
N  Z  O  A  D  K  L  I  N  I  K  A  R  R
A  T  L  T  A  A  D  F  N  N  A  R  I  M
E  N  M  B  E  M  L  Z  R  D  R  M  J  A
T  R  G  D  U  L  K  I  N  O  N  U  A  R
S  T  A  D  I  O  N  N  Š  O  A  Z  A  K
K  N  J  I  Ž  N  I  C  A  Č  D  E  N  E
U  N  I  V  E  R  Z  A  B  M  E  J  Y  T
```

LETALIŠČE   KNJIGARNA
BANKA   TRG
KNJIŽNICA   MUZEJ
PEKARNA   LEKARNA
KINO   STADION
KLINIKA   SUPERMARKET
ŠOLA   GLEDALIŠČE
CVETLIČAR   UNIVERZA
GALERIJA   ŽIVALSKI VRT
HOTEL

27 - Cuisine

```
M H J P R E D P A S N I K P
C L Z A J E M A L K A O R R
V A A L R G B T T L R F Ž T
I D Č Č K D R E C E P T A I
L I I K W O J P L D E V R Č
I L M E F F T Ž H A Č H Q E
C N B J H O Q L H R I G O K
E I E J F C N I I M C Z H T
S K O D E L I C E Č A H R G
D Y A A P J I E P N E L A G
H G R Q L H M J Y T C K N O
U V Y C G H C J B G S W A B
Z A M R Z O V A L N I K I A
K D G Q K N I G R C Y G A U
```

PALČKE
SKLEDA
KOTLIČEK
ZAMRZOVALNIK
NOŽI
VRČ
ŽLICE
ZAČIMBE
GOBA
PEČICA

VILICE
ŽAR
ZAJEMALKA
HRANA
JAR
RECEPT
HLADILNIK
PRTIČEK
PREDPASNIK
SKODELICE

28 - Corps Humain

```
I G J U Q F O O E V Z J N O
L Y L B S S O T E H F W G E
K U V R A T E P R S T J K Z
O R K A G K N M O Ž G A N I
M A I D L G L I T E K O O Ž
O M Č A A N S H C K J B S E
L A E A V Z K B Y E N R R L
E Y L G A K O L E N O A C O
C M J H V E G P D C E Z E D
Y U U Z U S T A R O K A J E
M F S R G H K D J J B K Q C
J R T V F T O B Y C S E R E
R W I G L E Ž E N J Q D U V
F M W O A H A K H Y O F J T
```

USTA   USTNICE
MOŽGANI   ROKA
GLEŽENJ   ČELJUST
VRAT   BRADA
KOMOLEC   NOS
SRCE   UHO
PRST   KOŽA
ŽELODEC   KRI
RAMA   GLAVA
KOLENO   OBRAZ

29 - Épices

```
C P P J C K O R I A N D E R
U Č O Y I P B E N R K C E R
R E Y P C A S S G R E N K O
R B B U E P O F V L G G S N
Y U Ž A F R A N E W Q R S N
I L K G K I C T R Č E S E N
A A K U R K U M A B Z O L T
I L I G T A F L Q Z W L G S
U T Q F Z B F O C B T T C L
O F J J A N E Ž K I S L O A
U K A R D A M O M C M Q V D
O Q U K U M I N A Y H E G K
R K E S K O R O M A Č H T O
V A N I L I J A T V P J J S
```

KISLO
ČESEN
GRENKO
JANEŽ
CIMET
KARDAMOM
KORIANDER
KUMINA
KURKUMA
CURRY

SLADKO
KOROMAČ
INGVER
ČEBULA
PAPRIKA
POPER
ŽAFRAN
OKUS
SOL
VANILIJA

30 - Science

```
G  M  P  P  S  M  N  D  W  W  J  H  S  A
R  I  O  E  Y  O  A  I  E  E  Y  I  T  T
A  N  D  I  D  L  R  I  V  J  G  P  N  E
V  E  A  R  S  E  A  S  O  P  S  O  W  B
I  R  T  I  H  K  V  I  L  O  Y  T  M  U
T  A  K  M  V  U  A  H  U  D  L  E  V  F
A  L  I  Z  Y  L  D  Q  C  N  G  Z  P  O
C  I  Y  L  D  E  L  C  I  E  U  A  O  S
I  L  F  I  Z  I  K  A  J  B  V  I  S  I
J  M  E  T  O  D  A  Z  A  J  T  Z  K  L
A  W  O  R  G  A  N  I  Z  E  M  B  U  F
A  T  O  M  M  R  A  K  A  A  M  M  S  H
K  E  M  I  K  A  L  I  J  A  W  L  G  M
I  U  L  A  B  O  R  A  T  O  R  I  J  J
```

ATOM	HIPOTEZA
KEMIKALIJA	LABORATORIJ
PODNEBJE	METODA
PODATKI	MINERALI
POSKUS	MOLEKULE
EVOLUCIJA	NARAVA
DEJSTVO	ORGANIZEM
FOSIL	DELCI
GRAVITACIJA	FIZIKA

31 - Chats

```
M  S  S  W  P  J  C  K  K  H  H  V  B  N
M  Y  P  R  E  J  A  T  H  R  I  N  G  O
N  W  T  A  I  F  N  S  L  E  Z  T  U  R
N  Q  Y  U  N  L  D  M  C  P  I  N  R  O
I  G  R  I  V  J  I  E  R  O  J  E  O  O
J  M  A  L  O  I  E  Š  A  P  A  O  D  O
R  I  D  J  S  Q  A  N  J  K  F  D  I  J
T  Š  O  J  O  L  I  O  Y  O  T  V  V  D
I  V  V  O  S  E  B  N  O  S  T  I  J  E
W  S  E  L  O  V  E  C  K  E  H  S  I  N
Z  D  D  R  U  I  T  G  D  D  R  N  O  B
S  V  E  N  E  H  I  J  O  Q  V  A  I  V
F  M  N  S  R  A  M  E  Ž  L  J  I  V  Q
U  E  I  O  J  M  O  N  A  A  S  S  I  Q
```

LOVEC	ŠAPA
RADOVEDEN	OSEBNOST
SPANJE	MALO
SMEŠNO	REP
IGRIV	HITRO
PREJA	DIVJI
NORO	MIŠ
KRZNO	SRAMEŽLJIV
NEODVISNA	

32 - Vêtements

```
J  B  J  P  V  P  P  F  O  K  R  D  P  Z
H  L  A  Č  E  L  A  B  G  A  O  J  R  A
O  V  K  E  Q  A  V  S  R  V  K  C  E  P
S  V  N  V  I  Š  H  S  L  B  A  R  D  E
B  R  A  E  L  Č  U  A  I  O  V  I  P  S
K  R  I  L  O  V  W  N  C  J  I  M  A  T
L  L  Q  J  F  G  B  D  A  K  C  Z  S  N
N  A  O  F  W  S  L  A  T  E  E  I  N  I
Š  A  L  B  U  P  U  L  O  V  E  R  I  C
M  W  N  P  U  J  Z  I  P  K  E  O  K  A
R  O  Y  Y  N  K  A  O  B  L  E  K  A  L
O  D  D  W  F  N  Q  J  R  I  B  F  G  M
P  I  Ž  A  M  E  S  R  A  J  C  A  U  I
T  P  C  K  B  H  H  V  N  M  U  I  R  T
```

ZAPESTNICA	KRILO
PAS	PLAŠČ
KLOBUK	MODA
ČEVELJ	HLAČE
SRAJCA	PULOVER
BLUZA	PIŽAME
OGRLICA	OBLEKA
ŠAL	SANDALI
ROKAVICE	PREDPASNIK
KAVBOJKE	JAKNA

33 - Arts Visuels

```
L  K  P  H  A  P  O  R  T  R  E  T  W  S
V  O  E  V  Q  S  E  G  V  O  S  E  K  V
P  M  N  R  O  Y  D  G  L  C  A  K  U  I
H  N  P  Č  A  K  S  T  O  J  A  L  O  N
W  Q  I  R  A  M  C  T  K  R  E  D  A  Č
T  Q  J  C  L  R  I  G  L  I  N  A  F  N
V  W  G  A  H  H  S  K  B  Y  F  N  E  I
R  S  W  T  O  Q  H  T  A  I  I  G  J  K
U  M  E  T  N  I  K  W  V  S  L  I  K  A
S  E  S  T  A  V  A  L  T  O  M  W  K  L
U  S  T  V  A  R  J  A  L  N  O  S  T  A
F  M  O  J  S  T  R  O  V  I  N  A  T  K
A  R  H  I  T  E  K  T  U  R  A  N  P  P
P  E  R  S  P  E  K  T  I  V  A  C  P  P
```

ARHITEKTURA
GLINA
UMETNIK
KERAMIKA
OGLJE
MOJSTROVINA
STOJALO
VOSEK
SESTAVA
KREDA

SVINČNIK
USTVARJALNOST
FILM
SLIKA
PERSPEKTIVA
PORTRET
LONČARSTVO
PEN
LAK

34 - Méditation

```
D  P  S  I  C  W  D  A  W  G  T  O  S  H
P  U  H  P  Y  A  C  F  S  I  I  F  U  V
R  E  Š  D  R  Ž  A  B  H  B  Š  V  D  A
I  C  R  E  W  E  G  U  O  A  I  S  I  L
J  F  R  S  V  F  J  D  N  N  N  W  H  E
A  E  I  D  P  N  S  E  N  J  A  E  A  Ž
Z  U  O  O  D  E  O  N  M  E  U  H  N  N
N  A  V  A  D  E  K  M  I  R  E  N  J  O
O  J  A  S  N  O  S  T  I  F  V  A  E  S
S  S  O  Č  U  T  J  E  I  M  C  R  H  T
T  K  M  I  R  Č  U  S  T  V  A  A  D  H
O  P  A  Z  O  V  A  N  J  E  A  V  F  K
P  O  Z  O  R  N  O  S  T  L  Q  A  O  U
G  L  A  S  B  A  C  B  V  O  O  D  M  U
```

SPREJEM	DUŠEVNO
POZORNOST	GIBANJE
MIREN	GLASBA
JASNOST	NARAVA
SOČUTJE	OPAZOVANJE
ČUSTVA	MIR
BUDEN	PERSPEKTIVA
PRIJAZNOST	DRŽA
HVALEŽNOST	DIHANJE
NAVADE	TIŠINA

35 - Littérature

```
J  G  Y  L  V  R  A  K  R  O  M  A  N  E
Q  O  V  M  U  H  Q  K  M  N  E  N  J  E
P  R  I  M  E  R  J  A  V  A  F  A  A  P
I  O  P  I  S  L  O  G  U  A  D  L  N  P
A  P  D  I  A  L  O  G  B  N  R  I  M  A
B  I  O  G  R  A  F  I  J  A  W  Z  E  D
A  S  Q  E  I  V  O  T  V  L  I  A  T  Y
N  A  N  W  T  F  L  R  O  O  G  V  A  S
E  B  T  U  E  I  K  F  V  G  P  T  F  S
K  R  N  H  M  K  Č  W  F  I  S  O  O  V
D  V  C  I  M  C  V  N  Q  J  K  R  R  T
O  K  W  O  G  I  E  A  O  A  L  K  A  E
T  B  I  Z  F  J  B  K  Y  P  E  S  E  M
A  C  W  U  C  A  Y  T  G  W  P  C  C  A
```

ANALOGIJA	METAFORA
ANALIZA	MNENJE
ANEKDOTA	PESEM
AVTOR	POETIČNO
BIOGRAFIJA	RIMA
PRIMERJAVA	ROMAN
SKLEP	RITEM
OPIS	SLOG
DIALOG	TEMA
FIKCIJA	

36 - Nourriture #1

```
J  L  W  P  U  C  A  K  O  L  O  Q  U  I
A  P  K  A  R  P  J  N  Q  Č  C  G  M  J
G  R  S  L  H  G  G  H  J  E  Č  M  E  N
O  W  K  O  R  E  N  J  E  B  V  G  S  Q
D  U  A  W  U  N  J  S  J  U  H  A  O  C
A  V  S  C  Š  F  U  G  M  L  E  K  O  S
Č  K  L  E  K  D  M  J  J  A  A  D  S  Y
P  E  A  L  A  B  A  Z  I  L  I  K  A  R
J  H  S  V  S  L  A  D  K  O  R  S  O  L
W  M  O  E  A  Z  V  V  L  R  K  I  N  I
Y  V  K  M  N  C  I  M  E  T  E  Z  L  M
S  O  L  A  T  A  U  D  G  U  D  P  S  O
A  T  Q  L  D  V  Š  P  I  N  A  Č  A  N
Y  K  F  Y  C  W  C  P  E  A  P  E  Y  A
```

ČESEN	REPA
BAZILIKA	ČEBULA
KAVA	JEČMEN
CIMET	HRUŠKA
KORENJE	SOLATA
LIMONA	SOL
ŠPINAČA	JUHA
JAGODA	SLADKOR
SOK	TUNA
MLEKO	MESO

37 - Jours et Mois

```
P  E  T  E  K  S  O  K  O  H  O  N  E  A
S  O  B  O  T  A  R  U  V  Q  K  O  J  V
A  Y  N  K  J  E  P  E  K  I  T  V  U  G
C  P  P  E  M  C  E  H  D  Q  O  E  N  U
F  U  R  B  D  V  L  V  S  A  B  M  I  S
M  A  L  I  C  E  O  G  E  M  E  B  J  T
A  N  B  Y  L  L  L  Z  P  T  R  E  Č  E
F  E  B  R  U  A  R  J  T  N  T  R  E  D
P  D  M  E  S  E  C  A  E  K  O  J  T  E
W  E  N  P  P  G  M  N  M  K  R  G  R  N
P  L  L  T  B  O  A  U  B  M  E  J  T  T
M  J  U  L  I  J  R  A  E  V  K  A  E  G
Y  A  J  G  N  U  E  R  R  F  T  M  K  R
F  A  P  R  G  H  C  K  O  L  E  D  A  R
```

AVGUST	TOREK
APRIL	MAREC
KOLEDAR	SREDA
NEDELJA	MESEC
FEBRUAR	NOVEMBER
JANUAR	OKTOBER
ČETRTEK	SOBOTA
JULIJ	TEDEN
JUNIJ	SEPTEMBER
PONEDELJEK	PETEK

38 - Championnat

```
V  Z  P  T  Š  O  S  Y  H  V  S  M  Z  G
B  I  K  R  F  P  J  P  J  Z  T  O  M  J
T  Y  Z  E  V  K  O  Z  R  D  R  T  A  B
P  Z  A  N  W  A  D  R  L  R  A  I  G  Q
R  Y  L  E  E  H  K  E  T  Ž  T  V  A  Q
V  D  O  R  V  M  F  F  Y  L  E  A  T  B
E  Y  I  Z  V  E  D  B  A  J  G  C  U  U
N  W  R  A  U  D  L  A  C  I  I  I  R  C
S  L  I  Q  H  A  H  A  N  V  J  J  N  P
T  O  N  T  H  L  I  G  A  O  A  A  I  G
V  I  D  L  B  J  T  Y  R  S  F  N  R  W
O  G  V  N  K  A  T  S  J  T  F  W  G  W
W  R  Q  Q  I  F  I  N  A  L  I  S  T  K
F  E  W  B  E  K  I  P  A  B  Z  N  O  J
```

PRVAK	MEDALJA
PRVENSTVO	MOTIVACIJA
VZDRŽLJIVOST	IZVEDBA
TRENER	ŠPORT
EKIPA	STRATEGIJA
FINALIST	TURNIR
IGRE	ZNOJ
SODNIK	ZMAGA
LIGA	

39 - Pirates

```
J  Z  A  K  L  A  D  C  J  S  H  P  Z  N
M  F  P  E  E  U  Z  Z  G  B  Y  U  T  R
Z  K  Q  F  N  E  V  A  R  N  O  S  T  L
L  E  M  W  C  S  K  S  U  F  C  T  P  E
A  A  M  E  Č  H  L  T  M  K  E  O  O  G
T  I  P  L  A  Ž  A  A  B  O  A  L  S  E
O  P  Z  F  J  H  P  V  B  V  N  O  A  N
P  J  A  M  A  E  K  A  U  A  L  V  D  D
P  A  M  R  L  G  V  R  B  N  S  Š  K  A
B  G  P  L  L  I  B  I  D  C  I  Č  A  S
T  D  B  I  B  J  G  K  D  I  D  I  N  D
B  R  A  Z  G  O  T  I  N  A  R  N  L  C
T  H  A  V  N  A  E  I  B  A  O  A  F  B
O  T  O  K  I  D  K  A  P  I  T  A  N  E
```

SIDRO	OTOK
PUSTOLOVŠČINA	LEGENDA
KAPITAN	SLAB
ZEMLJEVID	OCEAN
BRAZGOTINA	ZLATO
NEVARNOST	PAPIGA
ZASTAVA	KOVANCI
MEČ	PLAŽA
POSADKA	RUM
JAMA	ZAKLAD

40 - Activités

```
P  S  B  H  Š  K  E  R  A  M  I  K  A  V
O  L  D  U  Ž  I  T  E  K  A  P  E  S  R
D  I  G  R  E  G  V  H  I  I  L  L  W  T
Q  K  A  M  P  I  R  A  N  J  E  G  S  N
Q  A  K  A  K  T  I  V  N  O  S  T  I  A
F  O  T  O  G  R  A  F  I  J  A  G  F  R
L  O  V  U  V  E  T  I  T  B  E  Z  J  J
A  B  M  S  M  S  R  I  B  O  L  O  V  E
M  R  A  F  E  E  H  V  S  R  F  E  S  N
F  T  G  P  T  V  T  N  D  L  A  V  I  J
Q  I  I  U  D  U  Z  N  J  F  G  N  C  E
R  F  J  W  V  H  C  Z  O  N  I  E  J  Y
T  H  A  S  G  S  Q  U  R  S  W  Y  R  E
Q  G  P  O  H  O  D  N  I  Š  T  V  O  S
```

AKTIVNOST	IGRE
UMETNOST	BRANJE
OBRTI	MAGIJA
KAMPIRANJE	SLIKA
KERAMIKA	RIBOLOV
LOV	FOTOGRAFIJA
ŠIVANJE	UŽITEK
PLES	POHODNIŠTVO
VRTNARJENJE	

41 - Fleurs

```
L  I  L  A  A  H  O  R  Š  T  H  K  L  C
M  A  R  J  E  T  I  C  A  O  V  T  E  V
R  E  G  R  A  T  T  B  V  Z  P  B  M  E
S  D  Q  D  A  U  U  O  I  B  A  E  A  T
P  E  P  G  P  Z  L  R  D  S  G  P  K  N
A  T  N  V  A  R  I  H  S  S  K  L  J  I
M  E  H  S  S  Y  P  I  Z  O  S  U  A  L
F  L  L  F  I  G  A  D  V  N  P  M  S  I
E  J  I  Q  J  V  N  E  F  Č  J  E  M  S
M  A  G  N  O  L  I  J  A  N  U  R  I  T
P  O  T  O  N  I  K  A  M  I  B  I  N  S
D  Q  C  K  K  J  E  C  A  C  M  A  A  Y
I  W  M  F  A  A  B  N  K  A  D  A  A  C
V  R  T  N  I  C  A  S  I  V  K  A  F  K
```

ŠOPEK	MAK
HIBISKUS	CVETNI LIST
JASMINA	REGRAT
SIVKA	POTONIKA
LILA	PLUMERIA
LIJA	VRTNICA
MAGNOLIJA	SONČNICA
MARJETICA	DETELJA
ORHIDEJA	TULIPAN
PASIJONKA	

42 - Nourriture #2

```
P  L  T  C  B  J  T  K  O  N  G  R  U  J
I  V  T  U  G  A  P  E  P  H  O  W  J  D
Š  U  N  K  A  J  N  O  Š  U  B  R  O  V
Č  K  O  Y  A  C  M  A  E  L  A  R  O  Q
A  E  M  U  Z  E  L  E  N  A  M  G  F  R
N  J  N  R  R  B  K  F  I  A  A  R  K  M
E  K  A  I  P  F  R  V  C  U  N  O  I  M
C  W  P  B  D  G  U  K  A  Z  D  Z  V  Ž
D  L  W  E  O  Q  H  Q  O  R  L  D  I  J
M  A  N  G  O  L  C  F  C  U  J  J  I  A
F  W  E  N  S  D  K  A  T  N  E  E  Z  M
B  R  O  K  O  L  I  O  T  V  V  D  R  V
F  H  Y  D  H  N  Z  Č  E  Š  N  J  A  R
Č  O  K  O  L  A  D  A  N  I  I  S  J  S
```

MANDLJEV	KIVI
BANANA	MANGO
PŠENICA	JAJCE
BROKOLI	KRUH
ČEŠNJA	RIBE
ZELENA	JABOLKO
GOBA	PIŠČANEC
ČOKOLADA	GROZDJE
ŠUNKA	RIŽ

43 - Océan

```
O F U J W C F J O B J I M M
S K H G P H A Z E N E C R O
T I R O Q Z S D Ž U G C D R
R T I B B H Z M E D U Z E S
I T B A K O W M L P L W L K
G R E B E N T K V Q J Z F I
E K O R A L E N A R A K I P
N M D K Q A W K I Q L M N E
E Z K E W H M P U C V D P S
V J O T P L I M O V A N J E
I D Z S T A V Y M N L H Z Y
H E I G O U K A V E O Z R Q
T Y C Č O L N N D N V B C S
A V A P B Y G A V D I E F H
```

JEGULJA	MEDUZE
KIT	RIBE
ČOLN	HOBOTNICA
KORALE	MORSKI PES
RAK	GREBEN
KOZICA	SOL
DELFIN	NEVIHTA
GOBA	TUNA
OSTRIGE	ŽELVA
PLIMOVANJE	VALOVI

44 - Remplir

```
D  I  P  A  K  E  T  I  U  T  D  H  V  H
J  L  S  V  T  V  O  D  J  E  W  P  A  Y
C  S  C  I  F  Š  R  B  A  Z  E  N  Z  I
T  A  E  E  P  K  B  N  R  Z  C  Y  A  A
C  H  V  K  R  A  A  K  O  Š  A  R  A  Z
M  D  E  O  E  T  R  D  K  C  Ž  B  W  S
O  H  D  V  P  L  A  D  E  N  J  E  O  Q
L  D  R  Č  V  A  M  A  P  A  L  J  P  J
B  C  O  E  S  O  D  U  L  P  Q  D  R  K
S  T  E  K  L  E  N  I  C  A  N  S  E  J
O  V  O  J  N  I  C  A  G  G  O  S  D  J
F  W  I  V  W  B  Z  R  N  R  W  R  A  A
Y  H  A  S  E  E  A  P  L  O  V  I  L  O
W  C  R  P  A  R  N  F  R  S  D  A  P  B
```

KAD	PAKET
SOD	PLADENJ
BAZEN	ŽEP
ŠKATLA	JAR
STEKLENICA	TORBA
ZABOJ	VEDRO
MAPA	PREDAL
OVOJNICA	CEV
PLOVILO	KOVČEK
KOŠARA	VAZA

45 - Ballet

```
B  A  I  B  A  L  E  R  I  N  A  S  A  I
V  P  E  N  G  L  A  S  B  A  E  P  L  Z
S  L  O  G  T  G  S  W  E  D  T  R  F  R
T  A  O  P  L  E  S  A  L  C  I  E  G  A
E  V  Y  G  E  S  N  N  J  U  M  T  A  Z
H  Z  V  L  K  T  M  Z  Q  W  M  N  O  N
N  U  R  B  C  A  I  O  I  K  C  O  B  O
I  Z  O  E  I  R  Š  K  M  V  Y  S  Č  K
K  R  R  O  J  R  I  T  E  M  N  T  I  I
A  P  W  U  E  N  C  M  B  J  K  O  N  C
S  W  P  R  V  L  E  V  Z  W  V  M  S  N
S  K  L  A  D  A  T  E  L  J  A  G  T  T
K  O  R  E  O  G  R  A  F  I  J  A  V  O
O  R  K  E  S  T  E  R  W  A  A  T  O  B
```

APLAVZ	LEKCIJE
BALERINA	MIŠICE
KOREOGRAFIJA	GLASBA
SPRETNOST	ORKESTER
SKLADATELJ	OBČINSTVO
PLESALCI	VAJA
IZRAZNO	RITEM
GESTA	SLOG
INTENZIVNOST	TEHNIKA

46 - Fruit

```
N  J  A  B  O  L  K  O  C  A  M  O  B  H
G  U  A  A  Y  B  I  G  O  N  A  R  A  R
P  T  Y  G  O  B  V  J  M  A  R  A  N  U
G  V  L  K  O  J  I  P  A  N  E  N  A  Š
G  P  S  O  S  D  F  V  N  A  L  Ž  N  K
T  U  M  W  I  L  I  F  G  S  I  N  A  A
M  N  A  E  M  I  G  Č  O  D  C  A  W  Z
B  E  C  V  R  M  A  Q  J  S  A  S  W  B
R  K  L  J  A  O  W  C  Č  E  Š  N  J  A
E  T  D  O  M  N  I  M  A  L  I  N  A  H
S  A  U  O  N  A  A  V  O  K  A  D  O  V
K  R  D  B  Z  A  B  M  P  A  P  A  J  A
E  I  J  G  R  O  Z  D  J  E  C  Z  N  F
V  N  T  G  G  G  B  H  H  F  U  G  U  V
```

MARELICA	KIVI
ANANAS	MANGO
AVOKADO	MELONA
JAGODIČJE	NEKTARIN
BANANA	ORANŽNA
ČEŠNJA	PAPAJA
LIMONA	BRESKEV
FIGA	HRUŠKA
MALINA	JABOLKO
GUAVA	GROZDJE

47 - Surf

```
Q W E F W V G O K D Y B H N
R R W J K D R E U W P G B H
F M P V U Ž E L O D E C V L
P R I L J U B L J E N O E U
O L I V I I E Z A B A V N O
R V A E E G N V A L H R Š C
J P R Ž K S N Y J F I E P E
G W Y H A S L Y N O T M O A
K O M O Č L T O Y T R E R N
P R V A K O I R C C O C T Y
F Y I J I G S U E S S H N E
Z Č E T N I K C M T M I B
M N O Ž I C E N M F N O K L
F O Z E H S B V C V K O O M
```

ZABAVNO	PENA
ŠPORTNIK	OCEAN
PRVAK	VESLO
ZAČETNIK	PLAŽA
ŽELODEC	PRILJUBLJENO
EKSTREMNO	GREBEN
MOČ	SLOG
MNOŽICE	VAL
VREME	HITROST

48 - Technologie

```
F B R S K A L N I K V N D R
T O P O D A T K I U G L Z A
J S T A Z D T J P R I K A Z
B T B O K B P Z F Z J U S I
O A D L A Z S S K O G I L S
D T I R O P K V C R W H O K
I I P P W G A I T H T M N A
N S G O S P O R O Č I L O V
T T H I S I D T A W A V D E
E I C Z T S H U M T Z I O N
R K E R M A P A P U B R Y M
N A C P G V L L O L C U H V
E E F T V A R N O S T S M R
T B A J T I A O O K E G P K
```

PRIKAZ   BRSKALNIK
BLOG   DIGITALNO
FOTOAPARAT   BAJTI
KURZOR   PISAVA
PODATKI   RAZISKAVE
ZASLON   VARNOST
MAPA   STATISTIKA
INTERNET   VIRTUALNO
SPOROČILO   VIRUS

49 - Comédie

```
G V I G R A L E C P K A I I
L U Z G U H E A S B D J P M
E U R R R I U L Y M B I A P
D O A L U A S M O S O N R R
A M Z Q E P L M O F B T O O
L S N N K L D K E R Č S D V
I W O Š A N R A Š I K I I
Š N V M P V Q N C Z N L J Z
Č U G E J Z Z T F A S O A A
E W N H G V V Y U B T V Š C
T E L E V I Z I J A V N A I
O F Z L J E E L J V O I L J
R N D D Z H F V I N I A E A
F A H C P N O L E O J I K I
```

IGRALEC   ŽANR
IGRALKA   HUMOR
ZABAVNO   IMPROVIZACIJA
APLAVZ   PARODIJA
ŠALE   OBČINSTVO
KLOVNI   SMEH
SMEŠNO   TELEVIZIJA
IZRAZNO   GLEDALIŠČE

50 - Météo

```
T O R N A D O C S U C P C A
L E D G L Y I F Z A T O A T
D T M F V G L W A H C P O M
E B E P N E V I H T A L T O
H R G Y E J Y A F A Z A R S
O R L Y G R O M Q E G V O F
J R A K V M A V R I C A P E
M Q K L W E E T Y F S P S R
O B L A K C T S U Š A O K A
N E B O N A B R R R I L I V
S S U H A Z G Y I L A A M E
U P O D N E B J E Č T R Y T
N E V O C Q M A C D Z N V E
T Q J Q H S P A L Y I I T R
```

MAVRICA	ORKAN
ATMOSFERA	POLARNI
VETRIČ	SUHA
MEGLA	SUŠA
NEBO	TEMPERATURA
PODNEBJE	NEVIHTA
LED	GROM
POPLAVA	TORNADO
MONSUN	TROPSKI
OBLAK	VETER

51 - Châteaux

```
T R V G I U P L T A Z H A K
K R A L J E S T V O S M V J
R F D S L B G J L K A I A T
O E Z N T U U Y Y L M M H J
N V D S J O Y N Š E O P F D
A D O V R A L V Č P R E L I
P A L A Č A V P I Q O R P N
C L V I T E Z A T Ž G I R A
V N Z I D K T T F L K J I S
H I P R I N C E S A O O N T
N R W C P P Q Z E H N V C I
H R K A T A P U L T J H N J
T D O V Z W U W U N O Q L A
U S B Q M E Č D A A T H F O
```

OKLEP
ŠČIT
KATAPULT
KONJ
VITEZ
KRONA
ZMAJ
DINASTIJA
IMPERIJ
MEČ

FEVDALNI
TRDNJAVA
SAMOROG
ZID
ŽLAHTNA
PALAČA
PRINC
PRINCESA
KRALJESTVO
STOLP

52 - Randonnée

```
Š  Y  U  I  N  H  Q  S  V  R  H  P  U  K
V  K  R  P  N  V  G  O  O  V  R  O  D  A
C  C  O  A  P  D  H  G  D  N  B  H  F  M
P  U  T  R  U  J  E  N  N  P  C  U  T  P
J  P  D  K  N  P  K  E  I  O  V  E  E  I
Q  V  I  I  K  J  S  V  K  D  U  A  Ž  R
O  P  V  O  D  A  I  A  I  N  G  F  K  A
I  D  J  R  M  H  M  R  V  E  G  V  A  N
F  T  I  W  W  O  I  N  E  B  D  A  N  J
Ž  I  V  A  L  I  O  O  I  J  Q  Q  A  E
V  R  E  M  E  D  K  S  Z  E  G  O  R  A
I  R  O  R  I  E  N  T  A  C  I  J  A  S
Z  E  M  L  J  E  V  I  D  A  I  E  V  D
G  P  R  I  P  R  A  V  A  E  F  Q  A  B
```

ŽIVALI	VREME
ŠKORNJI	GORA
KAMPIRANJE	NARAVA
ZEMLJEVID	ORIENTACIJA
PODNEBJE	PARKI
NEVARNOSTI	KAMNI
VODA	PRIPRAVA
UTRUJEN	DIVJI
VODNIKI	SONCE
TEŽKA	VRH

53 - Art

```
N R W N V I U S I M B O L N
A A L S L R P L I M M L F A
V Z N L M V H I G Z O G M D
D P C I O V L K Z Q R G C R
I O I K Q P O E Z I J A Z E
H L Z A I P R E D M E T Z A
N O V K V P K K I Q S C N L
J Ž I O I O A E N S H T W I
E E R M Z I Y R O E K I E Z
N N N P U J V A S S J R V E
A J I L A E Q M E T F Q E M
R E K E L A Y I B A V Q L N
Y L Q K N B R K N V E O O L
R P T S O Y J A O A Q I D N
```

KERAMIKA
KOMPLEKS
SESTAVA
IZRAZ
SLIKA
ISKREN
RAZPOLOŽENJE
NAVDIHNJEN
IZVIRNIK

SLIKE
OSEBNO
POEZIJA
KIPARSTVO
PREDMET
NADREALIZEM
SIMBOL
VIZUALNO

54 - Nutrition

```
U R A V N O T E Ž E N O K S
T E Ž A A K Z A Č I M B E E
H I F Z F U Ž I T N A Y J S
K G E B P S H U A B N Y Q T
Z D R A V J E D I E T A O A
D P M E M O M J K L Q Q M V
R R E T N L G V W J Y Y A I
A E N E K K T I G A Y V K N
V B T K B A O T A K W U A E
G A A O N L K A K O V O S T
L V C Č Z O S M B V Q S W P
W A I I Y R I I L I N P B Q
J L J N Q I N N K N H L V Z
Q B A E A J W A P E T I T J
```

GRENKO
APETIT
KALORIJ
UŽITNA
DIETA
PREBAVA
ZAČIMBE
URAVNOTEŽENO
FERMENTACIJA
SESTAVINE

TEKOČINE
TEŽA
BELJAKOVINE
KAKOVOST
ZDRAV
ZDRAVJE
OMAKA
OKUS
TOKSIN
VITAMIN

55 - Science Fiction

```
F  A  N  T  A  S  T  I  Č  N  O  P  A  G
U  T  O  P  I  J  A  I  L  U  Z  I  J  A
T  E  H  N  O  L  O  G  I  J  A  B  K  L
S  F  U  T  U  R  I  S  T  I  Č  N  O  A
V  K  W  E  K  S  P  L  O  Z  I  J  A  K
E  N  R  B  A  K  R  O  B  O  T  I  T  S
T  J  G  I  T  C  I  D  Ž  M  K  P  O  I
Y  I  S  F  V  Y  K  N  V  A  U  L  M  J
B  G  O  T  L  N  R  Q  O  O  R  A  S  A
R  E  H  S  R  Y  O  Z  P  A  S  N  K  G
O  R  A  K  E  L  J  S  H  F  S  E  I  N
S  C  E  N  A  R  I  J  T  I  V  T  F  T
E  K  S  T  R  E  M  N  O  N  P  K  W  L
V  I  M  A  G  I  N  A  R  N  O  F  E  D
```

ATOMSKI	KNJIGE
KINO	SVET
EKSPLOZIJA	SKRIVNOSTNO
EKSTREMNO	ORAKELJ
FANTASTIČNO	PLANET
POŽAR	ROBOTI
FUTURISTIČNO	SCENARIJ
GALAKSIJA	TEHNOLOGIJA
ILUZIJA	UTOPIJA
IMAGINARNO	

56 - Vertus #1

```
I N T E L I G E N T E N M Z
D U Č P S P A L M P Z V O A
Z F I D O K R F S Y D V D N
T C S U M T R A G H S U E E
A V T D O B R O K V O P R S
S M E Š N O Q P M T H O P L
S T R A S T E N E E I U M J
R A D O V E D E N Ž N Č G I
U Č I N K O V I T O L H N V
V E L I K O D U Š E N J R O
N E O D V I S N A P C L I M
O V O D L O Č I L E N E T V
O Č A R L J I V I C P T T W
U M E T N I Š K A U F B A J
```

UMETNIŠKA   NEODVISNA
DOBRO   INTELIGENTEN
OČARLJIV   SKROMEN
RADOVEDEN   STRASTEN
ODLOČILEN   POTRPEŽLJIV
SMEŠNO   PRAKTIČNO
UČINKOVITO   ČIST
ZANESLJIV   MODER
VELIKODUŠEN

57 - Professions #1

```
G E O L O G D I E C H M J O
A M B A S A D O R Z V E F D
M K Z N A N S T V E N I K V
U G A S I L E C K N U N A E
P Z D R A V N I K Q R T S T
G U M E T N I K B U E B T N
L O K B V O D O V O D A R I
A O U D D C G B Y K N G O K
S T V Q K W Y R K G I R N I
B R N E P L E S A L K A O B
E E E D C R W I C F G M M A
N N Z L A T A R B A N K I R
I E Z F W P I A N I S T I C
K R J S P S I H O L O G C G
```

AMBASADOR	UREDNIK
UMETNIK	GEOLOG
ASTRONOM	ZDRAVNIK
ODVETNIK	GLASBENIK
BANKIR	PIANIST
ZLATAR	VODOVODAR
KARTOGRAF	GASILEC
LOVEC	PSIHOLOG
PLESALKA	ZNANSTVENIK
TRENER	

58 - Géologie

```
P C O N A D S Z K F S C G B
I L U B J S T G G A O H M I
Z A A K S L A U U S L S P Q
K R I S T A L I G A I C I P
V R K C T P A K A M E N I L
O L I V A B K K O R A L E J
T S S O G F T B C L A V A E
L P L E J M I N E R A L I R
I A I Q V M T A L U H I Q O
N R N Z G E J Z I R W E E Z
A G A V U L K A N W I H I I
P L A T O A J N A K J S G J
K R E M E N S T A L J E N A
B F J B K R S Z P Q R H I L
```

KISLINA   GEJZIR
KALCIJ   LAVA
VOTLINA   MINERALI
CELINA   KAMEN
KORALE   PLATO
PLAST   KREMEN
KRISTALI   SOL
EROZIJA   STALAKTIT
STALJEN   VULKAN
FOSIL   CONA

59 - Cirque

```
S V T P V F G A Q W D V S U
P O P N Y K L O V N O S K S
E Z G L E D A L E C U A Č S
K O A Ž S S S Š O T O R A H
T V C B O L B A L O N I R H
A N M N A N A I N Q G H O O
K I U N P V G D S L O N V P
U C B W E C A L K P Q P N I
L A K R O B A T E A V S I C
A S O S T D T J I R R W K A
R S S C K D U U M A G I J A
N F T I G E R M T D H F J L
O U U E N D Ž I V A L I I E
L A M B D P B J Z H T Q P V
```

AKROBAT
ŽIVALI
BALONI
VOZOVNICA
SLADKARIJE
KLOVN
KOSTUM
ZABAVATI
SLON
ŽONGLER

LEV
ČAROVNIK
MAGIJA
GLASBA
PARADA
OPICA
SPEKTAKULARNO
GLEDALEC
ŠOTOR
TIGER

60 - Jardin

```
H  A  I  Z  K  T  I  N  L  T  L  T  P  V
C  V  E  T  K  R  I  A  U  P  F  R  M  I
E  L  U  F  Q  A  O  R  Y  M  F  E  Y  S
V  T  W  R  L  T  C  G  U  R  Z  I  V  E
P  W  U  A  H  A  B  E  I  T  I  K  J  Č
G  R  G  D  R  E  V  O  G  R  A  J  A  A
A  J  S  R  P  K  A  V  D  A  T  V  L  M
R  C  O  T  M  L  I  R  L  V  E  E  O  R
A  G  N  W  Z  O  E  T  G  A  R  R  P  E
Ž  H  A  J  G  P  L  V  V  V  A  A  A  Ž
A  R  I  B  N  I  K  L  E  M  S  N  T  A
L  G  R  A  B  L  J  E  N  L  A  D  A  P
C  T  R  A  M  P  O  L  I  N  Y  A  Y  L
S  A  D  O  V  N  J  A  K  W  R  V  L  J
```

DREVO	PLEVEL
KLOP	LOPATA
GRM	TRATA
OGRAJA	VERANDA
RIBNIK	GRABLJE
CVET	PRST
GARAŽA	TERASA
VISEČA MREŽA	TRAMPOLIN
TRAVA	CEV
VRT	SADOVNJAK

61 - Barbecues

```
D  S  A  D  J  E  V  H  J  F  O  P  P  M
Y  R  O  I  N  J  R  V  M  C  P  O  A  L
R  M  U  L  K  E  O  M  A  K  A  P  R  Y
K  N  S  Ž  A  W  Č  N  C  T  R  E  A  W
R  G  Y  A  I  T  E  N  M  L  P  R  D  L
N  O  Ž  I  A  N  E  Z  W  L  I  O  I  K
J  Y  H  T  G  L  A  S  B  A  Š  T  Ž  G
W  D  J  Z  H  D  G  N  V  K  Č  R  N  E
I  B  K  O  S  I  L  O  E  O  A  O  I  M
B  G  B  R  O  N  B  O  Č  T  N  C  K  U
Z  N  R  M  L  G  A  A  E  A  E  I  Z  S
N  G  Č  E  B  U  L  A  R  W  C  G  O  H
Z  G  Y  P  O  L  E  T  J  E  R  Ž  A  R
Z  E  L  E  N  J  A  V  A  Y  K  U  Y  M
```

VROČE	IGRE
NOŽI	ZELENJAVA
KOSILO	GLASBA
VEČERJA	ČEBULA
OTROCI	POPER
POLETJE	PIŠČANEC
LAKOTA	SOLATE
DRUŽINA	OMAKA
SADJE	SOL
ŽAR	PARADIŽNIK

62 - Anniversaire

```
R  O  J  E  N  Z  D  S  K  L  O  P  G  J
K  P  Y  C  T  G  A  A  L  E  T  O  Z  K
S  O  E  C  H  A  N  B  R  T  O  R  T  A
B  S  L  Y  D  G  A  M  A  I  E  M  U  R
V  E  S  E  L  U  I  B  D  V  L  Z  R  T
M  B  P  M  D  T  D  O  O  C  N  O  C  E
O  E  E  J  J  A  S  U  P  E  R  O  H  O
D  N  S  G  P  Z  R  V  E  S  E  L  O  W
R  W  E  P  R  A  Z  N  O  V  A  N  J  E
O  Y  M  L  A  D  A  Č  A  S  Z  A  L  Y
S  V  E  Č  E  F  S  D  T  Y  G  Z  S  R
T  V  A  B  I  L  A  I  S  N  J  N  U  G
P  R  I  J  A  T  E  L  J  I  R  V  H  J
O  Y  U  F  I  E  C  W  N  E  W  U  Z  P
```

PRIJATELJI	VESEL
ZABAVNO	VABILA
LETO	MLAD
SVEČE	DAN
DARILO	VESELO
KOLEDAR	ROJEN
KARTE	MODROST
PESEM	POSEBEN
PRAZNOVANJE	SUPER
TORTA	ČAS

63 - Animaux de Compagnie

```
Y G H T L Z C K F Z A J E C
P O V O D E C R O K V G O K
H R Č E K R G A B Z O R J R
B I O C Ž E L V A O A Q S E
R B O T E P M A Č K A M Z M
L E G P M O V R A T N I K P
P E S I Z U C Q S S Z Š U L
A V O D A Q C N Y K H H Ž J
P A E T V Y P K L U M P E I
I H F U Y S N Z A Š J M K K
G I J Z E R F L Q Č T H L A
A Y V E T E R I N A R L M S
W V W L R A S Q H R A N A E
T T A Q T Q E W C E V N A H
```

MAČKA	ZAJEC
MUCKA	KUŠČAR
KOZA	HRANA
PES	PAPIGA
KUŽEK	RIBE
OVRATNIK	REP
VODA	MIŠ
KREMPLJI	ŽELVA
HRČEK	KRAVA
POVODEC	VETERINAR

64 - Forêt Tropicale

```
R  K  D  S  Q  A  L  Z  K  O  S  Z  S  D
M  A  H  O  P  T  I  C  E  B  E  V  K  Ž
R  A  Z  F  C  O  O  T  C  L  S  E  U  U
S  V  M  N  Z  A  Š  H  J  A  A  E  P  N
B  T  A  U  O  E  K  T  R  K  L  A  N  G
V  O  C  I  I  L  R  D  O  I  C  P  O  L
R  H  T  J  W  U  I  B  M  V  I  O  S  A
E  T  J  A  S  Q  J  K  T  Q  A  D  T  S
D  O  E  B  N  E  Z  G  O  O  A  N  G  P
N  N  N  E  A  I  U  V  R  S  T  E  J  S
O  A  A  R  N  M  Č  O  G  J  T  B  B  E
Ž  U  Ž  E  L  K  E  N  H  Y  D  J  U  A
D  V  O  Ž  I  V  K  E  I  P  F  E  H  A
O  B  N  O  V  A  P  A  N  A  R  A  V  A
```

DVOŽIVKE	SESALCI
BOTANIČNI	MAH
PODNEBJE	NARAVA
SKUPNOST	OBLAKI
RAZNOLIKOST	PTICE
VRSTE	VREDNO
AVTOHTONA	SPOŠTOVANJE
ŽUŽELKE	OBNOVA
DŽUNGLA	

65 - Insectes

```
D  K  Q  K  J  H  R  V  S  Č  P  S  Y  K
W  B  G  L  M  Y  Y  J  R  E  I  K  R  O
I  K  M  T  T  A  G  A  Š  B  K  Q  Š  B
B  A  F  E  P  F  N  T  E  E  A  U  Č  I
O  Č  G  R  T  N  A  T  N  L  P  P  U  L
L  J  S  M  L  U  T  N  I  A  O  Š  R  I
H  I  S  I  C  Q  L  U  B  S  L  K  E  C
A  P  S  T  P  P  N  J  B  R  O  R  K  A
G  A  K  T  O  Z  O  S  A  H  N  Ž  O  I
B  S  F  F  N  H  Y  J  D  R  I  A  M  K
N  T  H  D  B  A  H  L  K  O  C  T  A  B
L  I  Q  P  O  T  U  Y  H  Š  A  B  R  A
M  R  A  V  L  J  A  Š  U  Č  R  V  C  J
L  I  L  I  Č  I  N  K  A  M  E  S  H  K
```

ČEBELA	GNAT
ŠČUREK	KOMAR
ŠKRŽAT	METULJ
PIKAPOLONICA	BOLHA
MRAVLJA	LISTNA UŠ
SRŠEN	KOBILICA
OSA	HROŠČ
LIČINKA	TERMIT
KAČJI PASTIR	ČRV
MANTIS	

66 - Ferme #1

```
K M E T I J S T V O N P M M
I M K A M N L M Y N R L F A
P O L J E U I F B K O Z A Č
G K V K D S U D I T E L E K
V G Q L F B V W Z D V N P A
R I N A I F P K O N J Z R S
A S E O F G M I N W S C N Z
N E Y E J I S V Š T B P E S
A N J P Č I J S H Č P R O A
V O V O S E L L F V A Q Q Z
O G R A J A B O G O W N B L
V M I J A T A E K D S C E S
P Q Ž V K Y V K L A E H P C
P T G T S P S K R A V A F T
```

ČEBELA	VRANA
KMETIJSTVO	VODA
OSEL	GNOJILO
BIZON	SENO
POLJE	MED
MAČKA	PIŠČANEC
KONJ	RIŽ
KOZA	JATA
PES	KRAVA
OGRAJA	TELE

67 - Escalade

```
N M Š O O T U G S U I K P V
Q S K Z K K S Q T G A K O T
M T O K G O T W A R I I Š R
I R R A T J A M A O P K K E
Q O N A E C B G K K S S O N
V K J B L C I Y M A Q J D I
I O I Z E M L J E V I D B N
Š V D K T H N D F I M D A G
I N M N Y M O Č E C Y J N Q
N J H E I N S R Č E L A D A
A A K K V K T E V T E R E N
R K Y Z M F I Z I Č N I E E
A T M O S F E R A E D Y Y L
I Z Z I V I K A E P H F O D
```

VIŠINA	MOČ
ATMOSFERA	TRENING
POŠKODBA	ROKAVICE
ŠKORNJI	JAMA
ZEMLJEVID	VODNIKI
ČELADA	FIZIČNI
IZZIVI	STABILNOST
STROKOVNJAK	TEREN
OZKA	

68 - École #2

```
D  E  J  A  V  N  O  S  T  I  F  K  I  K
O  R  A  Č  U  N  A  L  N  I  K  N  Z  N
M  L  I  T  E  R  A  T  U  R  A  J  O  J
A  Z  P  G  Š  K  A  R  J  E  M  I  B  I
Č  D  I  G  R  E  V  A  D  O  D  G  R  Ž
A  T  S  U  Č  I  T  E  L  J  S  E  A  N
N  P  A  P  I  R  O  L  F  M  O  B  Ž  I
A  S  N  I  L  G  B  T  Z  D  F  E  C
L  N  J  M  I  A  U  Č  E  N  J  E  V  A
O  U  E  E  U  K  S  L  O  V  A  R  A  M
G  S  V  I  N  Č  N  I  K  B  G  Z  N  E
A  K  O  L  E  D  A  R  H  I  P  T  J  H
B  R  A  N  J  E  R  R  Y  I  L  N  E  Z
B  A  O  S  L  O  V  N  I  C  A  M  W  W
```

DEJAVNOSTI	PISANJE
UČENJE	IZOBRAŽEVANJE
KNJIŽNICA	SLOVNICA
AVTOBUS	IGRE
KOLEDAR	BRANJE
ŠKARJE	LITERATURA
SVINČNIK	KNJIGE
DOMAČA NALOGA	RAČUNALNIK
SLOVAR	PAPIR
UČITELJ	

69 - Antarctique

```
O  T  O  K  I  L  E  D  E  N  I  K  I  P
R  A  Z  I  S  K  O  V  A  L  E  C  O  O
M  I  N  E  R  A  L  I  J  H  U  P  K  L
O  E  S  M  I  G  R  A  C  I  J  A  O  O
C  H  K  K  N  R  L  L  Z  K  G  F  L  T
F  R  R  S  A  T  P  Z  A  I  E  Z  J  O
V  O  D  A  P  L  E  D  L  T  O  P  E  K
B  L  Q  R  N  E  N  Y  I  I  G  D  Y  W
B  F  U  H  M  J  D  A  V  J  R  O  O  A
O  C  E  L  I  N  A  I  T  R  A  A  Q  N
L  P  W  H  O  P  A  N  C  A  F  J  J  I
K  I  D  H  D  H  B  Q  J  I  I  C  J  M
J  G  W  N  O  P  T  I  C  E  J  E  V  T
Z  N  A  N  S  T  V  E  N  I  A  A  T  R
```

ZALIV	LED
KITI	LEDENIKI
RAZISKOVALEC	OTOKI
OHRANJANJE	MIGRACIJA
CELINA	MINERALI
VODA	PTICE
OKOLJE	POLOTOK
EKSPEDICIJA	SKALNATA
GEOGRAFIJA	ZNANSTVENI

70 - Professions #2

```
I  I  Z  D  J  N  F  J  C  Z  I  O  D  R
Z  L  O  S  E  K  I  R  U  R  G  W  E  A
U  U  B  N  Z  F  I  L  O  Z  O  F  T  Z
M  S  O  H  I  B  C  I  Z  L  Z  Z  E  I
I  T  Z  F  K  N  L  P  S  N  O  D  K  S
T  R  D  O  O  P  Ž  F  H  E  O  R  T  K
E  A  R  T  S  O  Z  E  O  G  L  A  I  O
L  T  A  O  L  I  J  J  N  J  O  V  V  V
J  O  V  G  O  H  L  S  G  I  G  N  K  A
Q  R  N  R  V  R  T  N  A  R  R  I  V  L
P  Z  I  A  E  B  I  O  L  O  G  K  S  E
Q  F  K  F  C  U  Č  I  T  E  L  J  Z  C
A  S  T  R  O  N  A  V  T  P  I  L  O  T
S  L  I  K  A  R  O  N  O  V  I  N  A  R
```

ASTRONAVT	VRTNAR
BIOLOG	NOVINAR
RAZISKOVALEC	JEZIKOSLOVEC
KIRURG	ZDRAVNIK
ZOBOZDRAVNIK	SLIKAR
DETEKTIV	FILOZOF
UČITELJ	FOTOGRAF
ILUSTRATOR	PILOT
INŽENIR	ZOOLOG
IZUMITELJ	

71 - Les Abeilles

```
G R A Z N O L I K O S T S R
Ž Q O R U E O V D V M B A A
Q U M V J R V F I O S I D S
C H Ž M J Q Q R M S Q C J T
K A M E D R O J T E K H E L
R B Q K L P A N J K Y J N I
A I W O Z K O R I S T N O N
L T D S I W E H D C V E T E
J A M I S V J K R I L A M J
I T B S D Q N T O A D S S E
C V E T N I P R A H N N O S
A C V E T J E B H A O A N B
D C S M N W S T B J M E C K
Q C D W T E R S W C L D E O
```

KRILA	HABITAT
KORISTNO	ŽUŽELKE
VOSEK	VRT
RAZNOLIKOST	MED
ROJ	HRANA
EKOSISTEM	RASTLINE
CVET	CVETNI PRAH
CVETJE	KRALJICA
SADJE	PANJ
DIM	SONCE

72 - Dinosaures

```
Z  G  F  D  F  R  J  Y  H  H  Y  P  Z  Z
L  T  O  G  R  O  M  N  O  E  M  R  E  V
V  R  S  T  E  S  K  Q  W  E  V  A  M  V
P  W  I  Z  G  I  N  O  T  J  E  Z  M  E
L  P  L  A  Z  I  L  E  C  D  K  G  O  L
E  G  I  V  U  G  Y  K  R  W  R  O  Č  I
N  C  N  R  W  Z  Y  Y  A  V  I  D  A  K
Z  F  U  O  I  B  K  H  P  E  L  O  N  O
L  Z  Z  V  M  F  S  P  T  L  A  V  S  S
O  E  W  T  B  R  E  F  O  I  S  I  E  T
B  M  E  S  O  J  E  D  R  K  C  N  S  W
N  L  U  D  N  V  S  E  J  E  D  E  C  S
I  J  M  A  M  U  T  R  E  P  W  L  M  P
I  A  O  I  N  E  V  O  L  U  C  I  J  A
```

KRILA	PRAZGODOVINE
MESOJED	PLEN
IZGINOTJE	MOČAN
VRSTE	REP
OGROMNO	RAPTOR
EVOLUCIJA	PLAZILEC
FOSILI	VELIKOST
VELIK	ZEMLJA
MAMUT	ZLOBNI
VSEJEDEC	

73 - Conduite

```
K  B  Z  G  J  G  U  A  D  I  G  J  P  V
R  N  E  V  A  R  N  O  S  T  O  I  O  H
K  I  M  H  N  R  R  M  S  T  R  G  L  H
W  B  L  Q  N  K  A  P  T  A  I  V  I  I
D  S  J  F  E  K  A  Ž  E  M  V  K  C  T
M  O  E  M  S  H  H  D  A  Š  O  V  I  R
T  O  V  O  R  N  J  A  K  Z  E  K  J  O
P  A  I  T  E  S  L  I  C  E  N  C  A  S
R  R  D  O  Č  Z  P  L  I  N  S  E  C  T
O  D  E  R  A  A  V  T  O  B  B  Y  E  M
M  R  J  V  G  W  G  F  Y  H  Y  F  S  W
E  H  T  M  O  T  O  C  I  K  E  L  T  H
T  U  N  E  L  Z  A  V  O  R  E  D  A  K
V  A  R  N  O  S  T  M  Y  F  D  G  W  U
```

NESREČA   MOTOCIKEL
TOVORNJAK   PEŠEC
GORIVO   POLICIJA
ZEMLJEVID   CESTA
NEVARNOST   VARNOST
ZAVORE   PROMET
GARAŽA   PREVOZ
PLIN   TUNEL
LICENCA   HITROST
MOTOR   AVTO

74 - Plantes

```
T  K  I  V  C  M  V  G  C  P  J  W  J  Y
L  R  G  O  A  V  T  M  V  K  Y  Q  H  L
G  Y  A  N  M  R  E  M  E  I  Y  Q  L  E
J  S  S  V  K  T  B  T  T  S  W  O  Z  C
Q  N  B  R  A  M  G  B  N  F  L  O  R  A
B  R  Š  L  J  A  N  O  K  I  W  H  O  J
A  L  S  E  B  O  I  T  O  Ž  L  C  S  O
G  N  O  J  I  L  O  A  R  O  B  I  Y  W
R  D  B  R  T  M  Q  N  E  L  Y  B  S  A
M  R  V  A  H  I  Z  I  N  L  P  P  Z  T
Q  E  D  N  M  S  D  K  A  K  T  U  S  I
E  V  W  A  A  B  U  A  L  I  S  T  J  E
G  O  Z  D  H  B  U  O  V  K  Q  B  S  K
R  A  S  T  I  M  T  S  S  A  H  Y  T  N
```

DREVO	GOZD
BAMBUS	RASTI
BOTANIKA	FIŽOL
GRM	TRAVA
KAKTUS	VRT
GNOJILO	BRŠLJAN
LISTJE	MAH
CVET	CVETNI LIST
FLORA	KOREN

75 - Ferme #2

```
H  J  U  C  S  A  D  J  E  F  B  R  Ž  Ž
P  R  Q  U  B  K  O  R  U  Z  A  Y  I  H
Š  L  A  M  A  Z  E  L  E  N  J  A  V  A
E  C  O  N  Y  T  B  D  N  D  S  Q  A  P
N  K  V  B  A  R  M  L  E  K  O  M  L  A
I  M  C  N  Y  A  Y  L  M  N  S  P  I  S
C  E  E  E  T  K  D  F  A  N  J  A  V  T
A  T  S  V  W  T  L  R  L  K  K  N  H  I
C  G  T  D  W  O  F  J  Y  P  L  J  D  R
R  A  C  A  J  R  A  N  E  Z  Y  V  N  T
N  A  M  A  K  A  N  J  E  Č  M  W  K  U
J  A  G  N  J  E  T  I  N  A  M  W  J  D
T  R  A  V  N  I  K  H  P  M  T  E  W  R
S  A  D  O  V  N  J  A  K  J  S  L  N  T
```

JAGNJETINA	LAMA
KMET	ZELENJAVA
ŽIVALI	KORUZA
PASTIR	OVCE
PŠENICA	HRANA
RACA	JEČMEN
SADJE	TRAVNIK
SKEDENJ	PANJ
NAMAKANJE	TRAKTOR
MLEKO	SADOVNJAK

76 - École #1

```
F K A K Y O P W G P K K Z F
K N J I G E D A Z I V O A O
N H S R Q H G G P J I S B O
J M T D V M H A O I Z I A I
I A S T O L D U Q V R L V Z
Ž P K S I M U Č O A O O N P
N E M B G J Č I D B S R O I
I R Š T E V I L K E V A I T
C E S R C F T N Y C I S T I
A D M V Y A E I Y E N I A W
H P Y N H M L C J D Č H U A
M F U B Y V J A R A N U Z O
P R I J A T E L J I I S L F
D G M A T E M A T I K A O D
```

ABECEDA
PRIJATELJI
ZABAVNO
KNJIŽNICA
STOL
SVINČNIK
KOSILO
MAPE
UČITELJ

IZPITI
KNJIGE
MATEMATIKA
ŠTEVILKE
PAPIR
KVIZ
ODGOVORI
UČILNICA

77 - Vacances #2

```
L A R K P G T H O T E L W R
K O Z M Q O Q U P M O R J E
D V E A V K T R J Š I Z O S
K A M P I R A N J E O P T T
L B L R O T O K I P C T R A
E I J E A U Z Y V L A K O V
T W E V G I Q I C A I H W R
A L V O J K L B L Ž K S N A
L V I Z U M V H Y A Q W T C
I U D P O Č I T N I C E T I
Š P R O S T I Č A S W U A J
Č R E Z E R V A C I J E K A
E P O T O V A N J E N N S Y
C I L J W H E W O R P T I P
```

LETALIŠČE	PLAŽA
KAMPIRANJE	RESTAVRACIJA
ZEMLJEVID	REZERVACIJE
CILJ	TAKSI
TUJEC	ŠOTOR
HOTEL	VLAK
OTOK	PREVOZ
PROSTI ČAS	POČITNICE
MORJE	VIZUM
POTNI LIST	POTOVANJE

78 - Temps

```
D I D E S E T L E T J E S G
F E P A P G W J Y H J R T A
C E R V N I F C K J V N O D
D W I Č G P R P E A B M L J
Q W H E H D C U O D O I E D
Y P O R C A L H P N Q N T C
O Z D A J G S E O W Y U J A
G L N J F K M A L U O T E N
E E O T R G O W D Y K A Q O
Z T S R T W K L N P N E S Č
M N T C E C A E E M E S E C
U I F V D P H T U D A N E S
P R E D E W V O J Q A F P D
N A A R N U G E J U T R O F
```

LETO	URA
LETNI	DAN
PO	ZDAJ
DANES	JUTRO
PRED	OPOLDNE
KMALU	MINUTA
KOLEDAR	MESEC
DESETLETJE	NOČ
PRIHODNOST	TEDEN
VČERAJ	STOLETJE

79 - Maison

```
O  P  L  S  Z  M  O  Q  W  Q  N  H  A  V
G  O  G  R  A  J  A  K  U  W  E  V  T  R
L  D  P  R  U  H  L  C  N  P  H  U  F  A
E  S  Z  L  Z  I  D  D  Z  O  Q  L  P  T
D  T  S  M  E  T  L  A  F  T  V  U  V  A
A  R  O  T  I  P  K  E  C  T  G  Z  N  M
L  E  B  P  R  Q  E  O  G  A  R  A  Ž  A
O  Š  A  R  O  O  Q  K  Z  A  V  E  S  E
S  J  A  E  T  I  P  A  U  Q  A  V  R  T
T  E  Q  P  V  N  H  M  K  H  L  V  S  S
R  P  H  R  K  N  J  I  Ž  N  I  C  A  J
E  R  I  O  P  A  S  N  T  U  Š  N  V  L
H  D  K  G  F  G  A  D  S  E  L  G  J  H
A  F  Z  A  L  P  S  V  E  T  I  L  K  A
```

METLA	PODSTREŠJE
KNJIŽNICA	VRT
SOBA	SVETILKA
KAMIN	OGLEDALO
TIPKE	ZID
OGRAJA	STROP
KUHINJA	VRATA
TUŠ	ZAVESE
OKNO	PREPROGA
GARAŽA	STREHA

80 - Légumes

```
B G F P P J G R W W Č C P O
R U R E P A D K D N E I E L
O D Č A R J S O P O B Z T N
K H I E H Č O R I Š U F E F
O Q N A Z E L E N A L U R C
L U I U I V A N G L A K Š D
I Q M G F E T J V O E U I M
Č E S E N C A E E T B M L B
Š P I N A Č A D R K S A J O
H D A R T I Č O K A T R F L
N Q R E D K E V K K O A B J
P A R A D I Ž N I K K A L K
H G H N W I A E L Y T J G E
P U G F J D Q C K K W J U Z
```

ČESEN	ŠPINAČA
ARTIČOKA	INGVER
JAJČEVEC	REPA
BROKOLI	ČEBULA
KORENJE	OLJKE
ZELENA	PETERŠILJ
GOBA	GRAH
BUČE	REDKEV
KUMARA	SOLATA
ŠALOTKA	PARADIŽNIK

81 - Plage

```
Z  L  C  D  S  O  N  C  E  G  D  S  S  D
B  S  Q  B  E  L  R  C  Q  F  P  S  A  O
F  R  J  Q  C  Ž  K  E  T  T  P  T  N  P
E  P  I  Č  O  L  N  E  J  G  E  O  D  U
N  B  H  S  L  Q  A  I  Y  R  S  T  A  S
O  S  W  J  A  A  S  J  K  E  E  O  L  T
C  B  L  T  G  Č  G  A  R  B  K  K  I  D
E  Y  A  U  U  V  A  D  A  E  A  L  P  Q
A  W  H  L  N  D  D  R  K  N  V  S  E  F
N  B  V  U  A  O  W  N  Z  M  O  D  R  A
B  S  K  P  U  K  C  I  Y  O  Z  T  R  O
J  H  O  I  Q  W  P  C  V  R  S  M  P  W
K  O  G  N  A  S  C  A  H  J  Z  I  Y  Z
R  U  L  E  M  G  V  Y  N  E  N  E  Y  F
```

ČOLN	OCEAN
MODRA	DEŽNIK
LUPINE	GREBEN
OBALA	PESEK
RAK	SANDALI
DOK	BRISAČA
OTOK	SONCE
LAGUNA	DOPUST
MORJE	JADRNICA

82 - Famille

```
J  L  V  G  I  J  C  S  D  M  A  M  O  Ž
T  Ž  Q  B  T  P  E  B  E  L  I  A  T  O
N  E  U  R  A  Y  L  B  D  S  S  T  R  T
C  N  P  A  N  E  Y  R  E  E  T  I  O  R
N  A  Y  T  P  L  V  A  K  J  R  R  K  O
F  E  O  T  R  O  Š  T  V  O  I  O  A  C
K  P  Č  M  O  N  N  R  V  A  C  Č  B  I
R  U  E  A  G  K  A  A  D  K  H  E  A  Z
Y  Q  T  T  K  P  J  N  N  L  W  Č  B  D
Z  P  O  E  H  P  R  E  D  N  I  K  I  B
M  P  V  R  G  E  Z  C  T  E  T  A  C  H
H  R  S  N  I  S  W  Q  L  A  B  U  A  O
M  N  K  A  N  E  Č  A  K  I  N  J  A  U
C  D  I  A  R  V  D  O  I  V  D  R  Z  L
```

PREDNIK	MOŽ
BRATRANEC	MATERNA
OTROŠTVO	MATI
OTROK	NEČAK
OTROCI	NEČAKINJA
ŽENA	STRIC
HČI	OČETOVSKI
BRAT	OČE
BABICA	SESTRA
DEDEK	TETA

83 - Oiseaux

```
S  G  H  Z  V  R  J  O  K  Š  J  E  N  P
Q  S  T  Č  R  S  V  O  P  T  A  W  M  J
K  K  U  K  A  V  I  C  A  O  J  H  I  O
V  V  R  L  N  P  F  N  P  R  C  Y  S  J
G  C  G  G  A  I  L  O  I  K  E  U  B  T
P  O  A  O  W  N  A  J  G  L  A  B  O  D
A  O  L  S  S  G  M  A  A  J  P  V  V  L
V  Y  E  O  K  V  I  R  Y  A  E  R  S  G
F  Y  B  U  B  I  N  I  B  H  L  A  S  B
R  A  C  A  G  N  G  E  R  G  I  B  O  K
T  U  K  A  N  H  O  R  E  L  K  E  T  V
P  I  Š  Č  A  N  E  C  U  B  A  C  N  F
A  P  W  Y  C  V  C  T  L  F  N  S  W  B
H  H  I  I  W  V  J  Q  J  R  C  H  U  T
```

OREL	PINGVIN
NOJ	VRABEC
RACA	GALEB
ŠTORKLJA	JAJCE
GOLOB	GOS
VRANA	PAV
KUKAVICA	PAPIGA
LABOD	PELIKAN
FLAMINGO	PIŠČANEC
ČAPLJA	TUKAN

84 - Disciplines Scientifiques

```
B  S  T  A  B  P  A  I  F  B  D  B  N  J
A  O  E  B  R  K  E  M  I  J  A  O  E  B
N  C  R  I  G  H  U  U  Z  B  N  T  V  I
A  I  M  O  E  G  E  N  I  K  L  A  R  O
T  O  O  K  O  Y  B  O  O  I  E  N  O  L
O  L  D  E  L  E  F  L  L  S  H  I  L  O
M  O  I  M  O  C  C  O  O  O  C  K  O  G
I  G  N  I  G  A  E  G  G  Q  G  A  G  I
J  I  A  J  I  S  P  I  I  C  J  I  I  J
A  J  M  A  J  O  V  J  J  P  T  K  J  A
A  A  I  C  A  Y  I  A  A  P  A  P  A  A
Q  D  K  E  K  O  L  O  G  I  J  A  Z  Q
Z  L  A  M  E  H  A  N  I  K  A  U  G  H
M  I  N  E  R  A  L  O  G  I  J  A  B  Z
```

ANATOMIJA   IMUNOLOGIJA
ARHEOLOGIJA   MEHANIKA
BIOKEMIJA   MINERALOGIJA
BIOLOGIJA   NEVROLOGIJA
BOTANIKA   FIZIOLOGIJA
KEMIJA   SOCIOLOGIJA
EKOLOGIJA   TERMODINAMIKA
GEOLOGIJA

85 - Émotions

```
S  L  P  R  I  J  A  Z  N  O  S  T  S  C
P  O  J  E  Z  A  S  T  R  A  H  J  O  E
O  Q  F  U  G  V  R  R  O  A  O  I  Č  M
K  O  W  H  B  E  P  N  T  Y  R  C  U  I
O  R  S  A  I  E  C  K  A  V  S  D  T  R
J  Q  V  Z  B  A  Z  V  B  S  R  N  J  E
N  P  R  E  S  E  N  E  Č  E  N  J  E  N
O  A  C  Q  Z  U  Y  S  N  B  M  Z  H  D
S  H  V  A  L  E  Ž  E  N  I  G  R  F  O
T  Z  A  D  O  V  O  L  J  N  I  E  R  L
T  V  M  Y  U  C  L  J  K  A  H  L  F  G
E  S  P  R  O  Š  Č  E  N  S  M  I  R  Č
Ž  A  L  O  S  T  E  P  R  Y  S  E  S  A
N  E  Ž  N  O  S  T  N  Q  R  M  F  G  S
```

LJUBEZEN
MIREN
JEZA
VSEBINA
SPROŠČEN
DOLGČAS
NAVDUŠEN
PRIJAZNOST
VESELJE
MIR

STRAH
HVALEŽEN
RELIEF
ZADOVOLJNI
PRESENEČENJE
SOČUTJE
NEŽNOST
SPOKOJNOST
ŽALOST

86 - Géographie

```
N  V  U  S  O  E  L  U  P  V  K  Z  K  P
J  I  A  I  A  B  U  L  T  O  Y  E  P  O
W  Š  S  M  S  V  E  S  C  M  N  M  R  L
A  I  Z  S  L  I  P  N  A  E  H  L  R  D
Y  N  A  G  U  A  T  L  A  S  L  J  K  N
Z  A  M  O  C  E  A  N  P  T  O  E  R  E
O  C  O  R  T  A  B  Z  J  O  P  V  Z  V
Z  W  R  A  Q  O  Y  D  A  N  O  I  R  N
E  S  J  E  T  S  K  R  S  H  L  D  S  I
M  Z  E  R  G  H  J  Ž  E  N  O  C  V  K
L  J  C  E  L  I  N  A  V  P  B  D  E  R
J  U  G  K  M  K  J  V  E  L  L  B  T  J
E  C  B  A  U  N  M  A  R  I  A  K  J  P
E  K  V  A  T  O  R  P  J  M  J  H  V  J
```

VIŠINA	SVET
ATLAS	GORA
ZEMLJEVID	SEVER
CELINA	OCEAN
EKVATOR	ZAHOD
REKA	DRŽAVA
POLOBLA	REGIJA
OTOK	JUG
MORJE	OZEMLJE
POLDNEVNIK	MESTO

87 - Danse

```
T U S E P O K H F O K E V K
R H U D A J Y W M W O Z I U
A I V T R I T E M E R Z R L
D Z O Q T Ž Q K V A E K Q T
I R K W N B A K E P O N F U
C A U M E T N O S T G T V R
I Z L K R O L P E H R E A N
O N T L Č G I A L I A L J I
N O U A W U L H O B F O A M
A I R S C T S A C V I B N I
L M A I S E K T S A J T H L
N D O Č J V U O V B A R L O
O H G N H O F B Y O A E D S
B L J A K A D E M I J A C T
```

AKADEMIJA   MILOST
UMETNOST   VESELO
KOREOGRAFIJA   GLASBA
KLASIČNA   PARTNER
TELO   DRŽA
KULTURA   VAJA
KULTURNI   RITEM
IZRAZNO   TRADICIONALNO
ČUSTVO

88 - Bâtiments

```
T V E H E N H O T E L H T S
S T A N O V A N J E V G D T
B O L N I Š N I C A O K G A
M J U U M U K K A B I N A D
U L O V U G B I Z A H R R I
A N D E L A V N I C A V A O
G F I G D S T O L P H A Ž N
A Š E V I B S V B G B M A T
L O B S E R V A T O R I J O
B T S N I R M U Z E J A V V
Š O L A T Z Z C Q D A Y D A
P R H G L E D A L I Š Č E R
S K E D E N J J F L B H M N
S U P E R M A R K E T F F A
```

STANOVANJE   MUZEJ
DELAVNICA   OBSERVATORIJ
KABINA   STADION
GRAD   SUPERMARKET
KINO   ŠOTOR
ŠOLA   GLEDALIŠČE
GARAŽA   STOLP
SKEDENJ   UNIVERZA
BOLNIŠNICA   TOVARNA
HOTEL

89 - Pêche

```
Q  I  F  R  U  D  G  Y  S  S  P  T  K  C
U  M  B  H  D  W  I  B  K  P  L  E  L  Z
T  Y  O  V  O  D  A  K  O  T  A  Ž  J  P
M  M  Q  P  L  J  B  I  Š  L  Ž  A  U  R
Z  H  C  Z  R  W  A  Q  A  A  A  N  K  E
O  Z  A  G  R  E  T  H  R  P  P  Z  A  T
J  E  Z  E  R  O  M  O  A  H  V  D  W  I
Š  S  E  Z  O  N  A  A  C  N  H  M  J  R
M  K  U  H  A  T  I  G  P  E  Ž  I  C  A
Z  F  R  F  N  Č  B  C  Z  W  A  Q  T  V
B  P  E  G  L  O  Z  I  A  J  W  N  O  A
S  V  K  Č  E  L  J  U  S  T  K  D  J  N
R  T  A  U  G  N  I  L  L  H  P  C  R  J
V  A  B  A  K  S  R  W  O  C  E  P  D  E
```

VABA	REKA
ČOLN	JEZERO
ŠKRGE	ČELJUST
KLJUKA	OCEAN
KUHATI	KOŠARA
VODA	PLAŽA
PRETIRAVANJE	TEŽA
OPREMA	SEZONA
ŽICA	

90 - Activités et Loisirs

```
G K D A D I O Z E W N P B R
N O P O H O D N I Š T V O I
A Š L W Y N O T E Z Y V N B
K A A F V Q U N L U M R O O
U R V D E S K A N J E T G L
P K A H O B I J I N K N O O
O A N L F J I S L I K A M V
V I J U M E T N O S T R E O
A D E B A S E B A L L J T D
N K A M P I R A N J E E E B
J B O K S H C F W E L N N O
E P O T O V A N J E Z J I J
P O T A P L J A N J E E S K
S P R O Š Č U J O Č E F Z A
```

NAKUPOVANJE   HOBIJI
UMETNOST   SLIKA
BASEBALL   RIBOLOV
KOŠARKA   POTAPLJANJE
BOKS   POHODNIŠTVO
KAMPIRANJE   SPROŠČUJOČE
NOGOMET   DESKANJE
GOLF   TENIS
VRTNARJENJE   ODBOJKA
PLAVANJE   POTOVANJE

91 - Livres

```
L S Y T R G I P L U P Q Q Z
E R Y V G L Z L A U U L F G
Z Q I B H H G T P I S Q H O
Z B I R K A O N Q Z T L Y D
P I S N O O D R P N O N A O
O S Š A N M B B R A L E C V
E E A S T R A N G J O D T I
Z R L K E E V N M D V V R N
I I J S K P T C K L Š O A S
J J I D S S O O L J Č J G K
A A V H T K R J T I I N I I
P E S E M I Q B T V N O Č T
L I T E R A R N O S A S N T
R E L E V A N T N O J T O F
```

AVTOR	IZNAJDLJIV
PUSTOLOVŠČINA	BRALEC
ZBIRKA	LITERARNO
KONTEKST	STRAN
DVOJNOST	RELEVANTNO
PISNO	PESEM
EPSKI	POEZIJA
ZGODBA	ROMAN
ZGODOVINSKI	SERIJA
ŠALJIV	TRAGIČNO

92 - Pays #2

```
P A K I S T A N K S U D A N
D A N S K A D G Z I I R J L
U Q L R U S I J A R R L A C
Z G M E F B O Q E I S Z P H
S R A D U U G M N J K I O A
I L D N L V M R A A A C N I
Y I N V D I F Q A L P A S T
J B L T Q A D B E I I D K I
Q A L A L B A N I J A J A M
O N M Z C L A O S O Y Q A E
L O O A F R A N C I J A R H
S N A P J K E N I J A B R I
E B E M Z K I T A J S K A K
U C O K H V A H H B G G B A
```

ALBANIJA	LAOS
KITAJSKA	LIBANON
DANSKA	MEHIKA
FRANCIJA	UGANDA
HAITI	PAKISTAN
IRSKA	RUSIJA
JAMAJKA	SOMALIJA
JAPONSKA	SUDAN
KENIJA	SIRIJA

93 - Fournitures d'Art

```
U  R  Z  D  T  Q  E  P  B  A  H  Y  J  V
F  S  S  F  Q  R  G  A  A  D  K  Z  S  J
O  K  T  J  J  A  C  P  R  P  L  R  V  E
T  G  O  V  O  D  A  I  V  V  Š  Č  I  A
O  F  L  E  A  I  G  R  E  N  Č  R  N  L
A  Z  U  J  G  R  I  D  E  J  E  N  Č  E
P  A  M  E  E  K  J  B  D  V  T  I  N  P
A  L  S  F  L  A  I  A  M  B  K  L  I  I
R  A  T  A  B  E  L  A  L  H  E  O  K  L
A  K  V  A  R  E  L  F  Z  N  I  T  I  O
T  Z  F  D  A  C  M  B  T  O  O  A  K  D
P  A  S  T  E  L  I  G  P  T  Q  S  S  V
O  S  T  O  J  A  L  O  U  C  C  V  T  I
G  L  I  N  A  Z  O  L  J  E  J  I  G  Q
```

AKRIL	SVINČNIKI
AKVAREL	USTVARJALNOST
GLINA	VODA
ŠČETKE	ČRNILO
FOTOAPARAT	RADIRKA
STOL	OLJE
OGLJE	IDEJE
STOJALO	PAPIR
LEPILO	PASTELI
BARVE	TABELA

94 - Jouets

```
C  K  D  D  Č  Y  O  S  F  R  Y  J  G  N
P  I  O  Ž  O  G  A  F  Y  H  E  F  J  A
J  T  B  D  L  M  J  C  J  B  G  G  B  J
G  E  R  B  N  B  I  F  K  O  M  Q  L  L
L  E  T  A  L  O  G  Š  G  K  T  W  K  J
I  R  I  R  U  B  R  A  L  N  H  O  O  U
N  D  L  V  Y  N  E  H  U  J  R  C  L  B
A  A  J  I  R  I  L  Z  T  I  I  S  O  Š
H  F  S  C  T  O  A  W  K  G  R  J  V  I
M  G  F  E  A  M  B  H  A  E  I  G  A  U
U  G  A  N  K  A  I  O  V  Z  F  T  Q  Z
N  Q  W  W  A  D  L  V  T  Q  W  F  G  L
D  E  G  N  V  L  A  K  O  J  N  J  A  E
T  O  V  O  R  N  J  A  K  H  N  S  O  N
```

GLINA	DOMIŠLJIJA
OBRTI	IGRE
LETALO	KNJIGE
ŽOGA	LUTKA
ČOLN	UGANKA
TOVORNJAK	ROBOT
KITE	BOBNI
BARVICE	VLAK
ŠAH	KOLO
NAJLJUBŠI	AVTO

95 - Eau

```
I  Z  P  A  R  E  V  A  N  J  E  F  V  O
K  A  B  J  Z  M  R  Z  A  L  Y  L  L  C
V  A  L  O  V  I  O  V  L  A  G  A  A  E
S  K  N  J  P  J  M  N  R  E  K  A  Ž  A
N  F  A  A  G  W  F  W  S  K  D  N  N  N
E  A  M  F  L  O  Q  E  O  U  N  L  O  N
G  D  A  O  A  R  Q  P  I  T  N  O  Z  R
P  Q  K  W  J  L  K  A  A  K  F  I  U  V
O  N  A  Z  O  C  D  R  O  N  W  H  F  U
P  E  N  O  N  M  M  A  P  V  P  K  P  W
L  V  J  E  Z  E  R  O  W  C  R  P  J  V
A  G  E  J  Z  I  R  D  Q  H  B  R  C  D
V  O  R  K  A  N  T  E  A  F  Q  H  Z  L
A  F  V  K  V  D  V  Ž  P  V  P  A  D  D
```

KANAL	NAMAKANJE
PRHA	JEZERO
IZPAREVANJE	MONSUN
REKA	SNEG
ZMRZAL	OCEAN
GEJZIR	ORKAN
LED	DEŽ
VLAŽNO	PITNO
VLAGA	VALOVI
POPLAVA	PARA

96 - Paysages

```
O  U  G  E  Y  H  R  I  B  S  B  Q  W  Z
T  A  T  O  J  P  E  B  J  L  I  F  M  T
O  P  Z  G  R  L  K  T  M  A  U  I  Z  L
K  O  J  A  M  A  A  L  U  P  S  U  P  E
Q  L  E  M  O  Ž  J  E  S  N  M  S  U  D
D  O  Z  O  R  A  M  D  T  Z  D  J  Š  E
Z  T  E  Č  J  Y  Z  E  J  J  O  R  Č  N
R  O  R  V  E  F  L  N  E  W  L  R  A  A
G  K  O  I  G  K  Z  I  O  H  I  H  V  G
I  N  J  R  E  C  M  K  C  Z  N  S  A  O
B  O  Q  J  J  E  J  V  H  N  A  J  S  R
A  F  B  E  Z  V  U  L  K  A  N  M  O  A
W  P  K  J  I  P  E  U  J  B  M  U  N  K
N  E  E  G  R  A  H  S  N  R  N  T  D  F
```

SLAP	JEZERO
HRIB	MOČVIRJE
PUŠČAVA	MORJE
USTJE	GORA
REKA	OAZA
GEJZIR	POLOTOK
LEDENIK	PLAŽA
JAMA	TUNDRA
LEDENA GORA	DOLINA
OTOK	VULKAN

97 - Nombres

```
L  Š  L  A  D  Q  D  Š  P  I  M  P  T  D
W  T  G  R  V  L  E  E  T  E  C  B  R  E
N  I  Č  W  A  A  V  S  D  I  T  R  I  C
O  R  D  O  N  H  E  T  V  R  R  Y  N  I
S  I  Š  P  A  J  T  N  A  N  B  I  A  M
E  N  D  E  J  B  N  A  N  O  V  G  J  A
M  A  V  T  S  K  A  J  V  Z  Q  Q  S  L
N  J  A  N  T  T  J  S  E  D  E  M  T  N
A  S  J  A  R  Y  S  T  R  C  L  V  Y  O
J  T  S  J  I  J  T  P  C  W  I  J  E  S
S  D  E  S  E  T  V  A  L  G  L  B  W  E
T  J  T  T  I  P  E  J  W  K  V  O  B  M
S  E  D  E  M  N  A  J  S  T  O  U  W  L
Q  L  B  I  T  D  Q  D  E  V  E  T  B  L
```

PET	ŠTIRINAJST
DVA	ŠTIRI
DECIMALNO	PETNAJST
DESET	ŠESTNAJST
OSEMNAJST	SEDEM
DEVETNAJST	ŠEST
SEDEMNAJST	TRINAJST
DVANAJST	TRI
OSEM	DVAJSET
DEVET	NIČ

98 - Nature

```
D D I V J I Y G T Z G I H I
Ž I V A L I U O B V O O G N
P O N R Y A Z B G O R B Z Q
L L Z A N B W Z D R E K A D
C L N F M I R N O I H W D L
B S V E T I Š Č E F Č F E U
P T J N P I Č A A V E D R O
L E P O T A M N Z H B K O P
L I S T J E I N O L E C Z U
Y N M F J F H I E M L O I Š
O B L A K I S T I Y E K J Č
B Z V L E D E N I K N G A A
T R O P S K I J P Q V U L V
A R K T I K A U D B F L H A
```

ČEBELE
ŽIVALI
ARKTIKA
LEPOTA
MEGLA
PUŠČAVA
DINAMIČNO
EROZIJA
LISTJE
REKA

GOZD
LEDENIK
GORE
OBLAKI
MIRNO
SVETIŠČE
DIVJI
VEDRO
TROPSKI

99 - Bateaux

```
U W V W A E M R Y G D M D L
W L T J A D R N I C A P L N
C D F R V A U T M O T O R F
Y N I L A K A J A K W S P L
V R V E L J N J E A Z A N I
S L R F O A E A R W F D Q P
P I P B V M H K V K P K H K
L U D S I B F T T T L A K I
A K O R N O Z J A B I O T C
V N T M O R N A R O M Č W F
M O R J E P K H S J A R N O
J E Z E R O A T L A W E P O
O C E A N U L A C L Y K C F
E F I F W K A N U F K A T S
```

SIDRO	MORNAR
BOJA	JAMBOR
KANU	MORJE
VRV	MOTOR
POSADKA	NAVTIČNO
TRAJEKT	OCEAN
REKA	SPLAV
KAJAK	VALOVI
JEZERO	JADRNICA
PLIMA	JAHTA

100 - Mesures

```
P L K I L O G R A M S C I E
H A O Z D O L Ž I N A T Q N
V P L B W C O V I Š I N A S
I K M C E Z B B A J T O N T
J R D C A Š I R I N A S J O
K T E Ž A K N E D E B L T P
R T C N K Q A K P I W T R N
H H I C E N T I M E T E R J
I A M S Q W Z I M M T W A A
G R A M E T E R Z I A L N M
K I L O M E T E R U N R J H
L O N T A L I T E R N U U H
K K O S S I H B S R H Č T Z
Y K V F A L F R U S N N A A
```

CENTIMETER   MASA
STOPNJA   METER
DECIMALNO   MINUTA
GRAM   BAJT
VIŠINA   UNČA
KILOGRAM   TEŽA
KILOMETER   PALCA
ŠIRINA   GLOBINA
LITER   TON
DOLŽINA

1 - Été

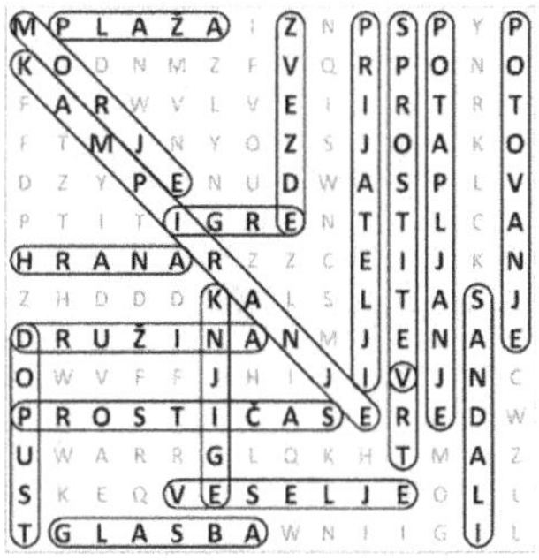

2 - Adjectifs #2

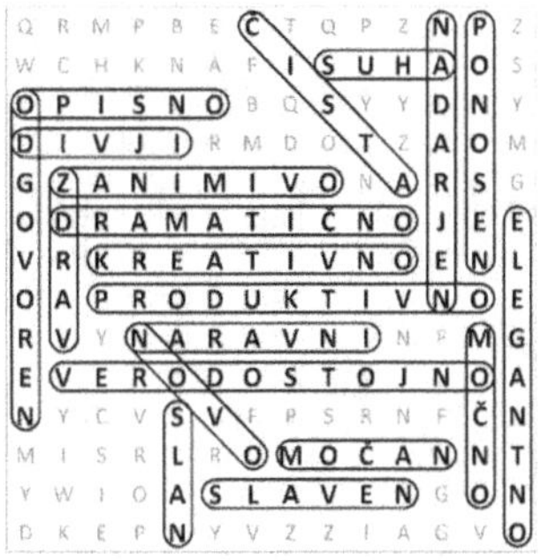

3 - Exploration

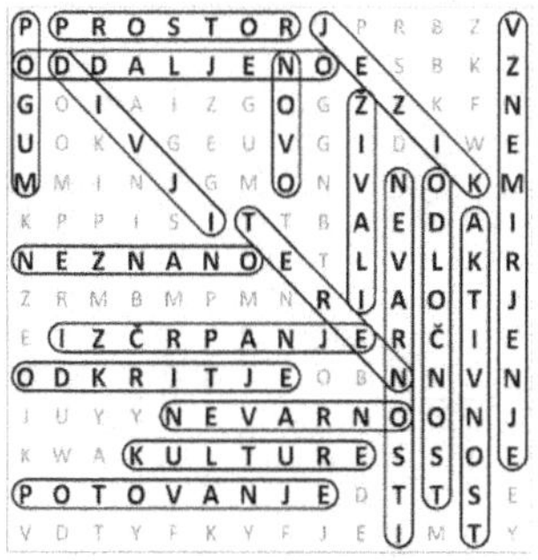

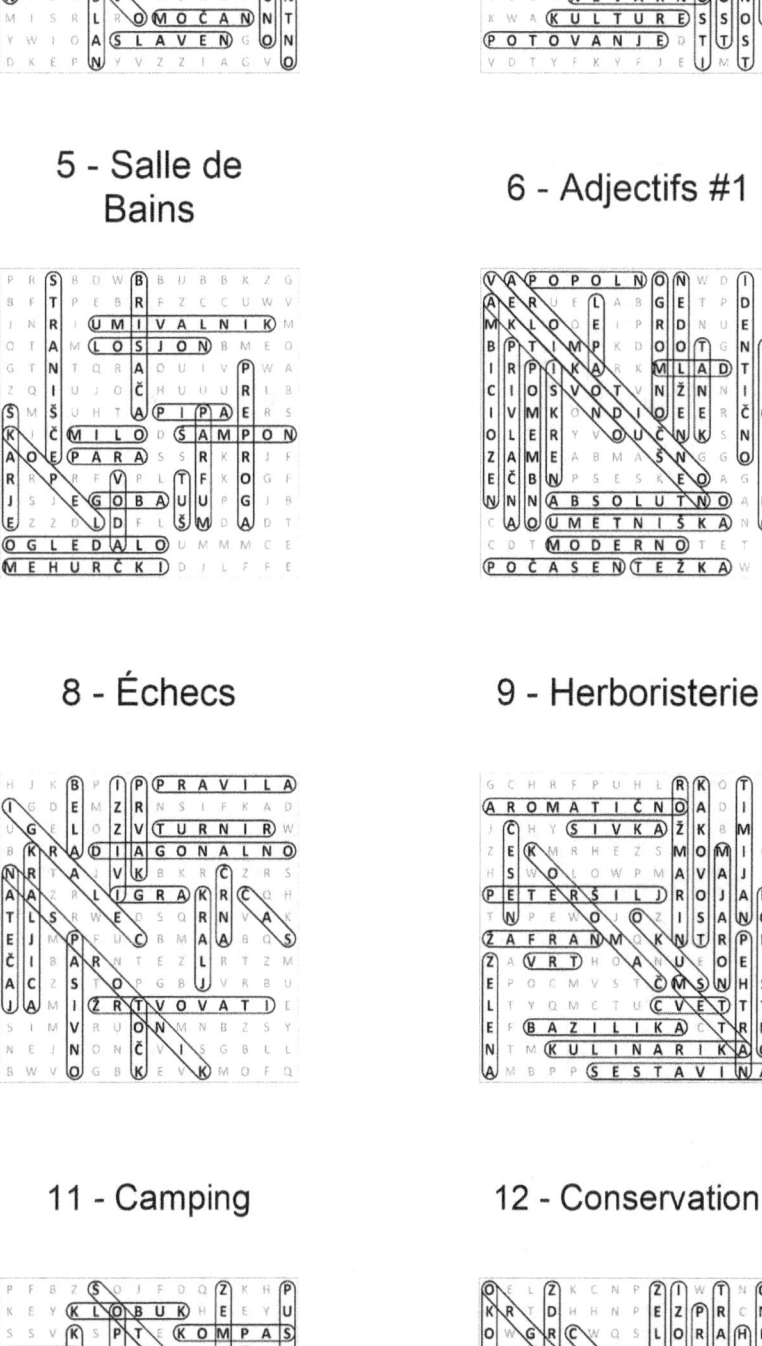

4 - Formes

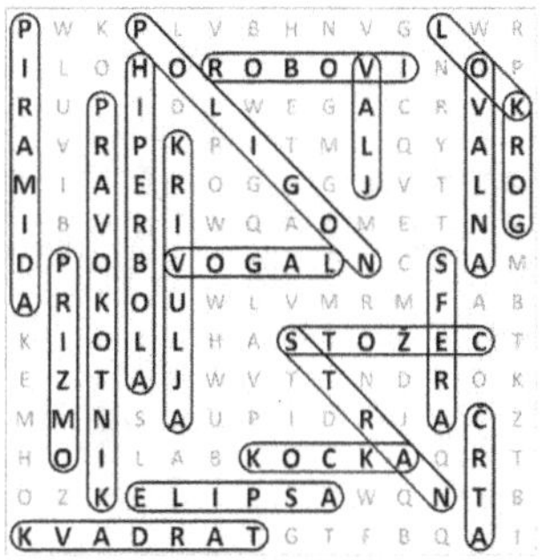

5 - Salle de Bains

6 - Adjectifs #1

7 - Instruments de Musique

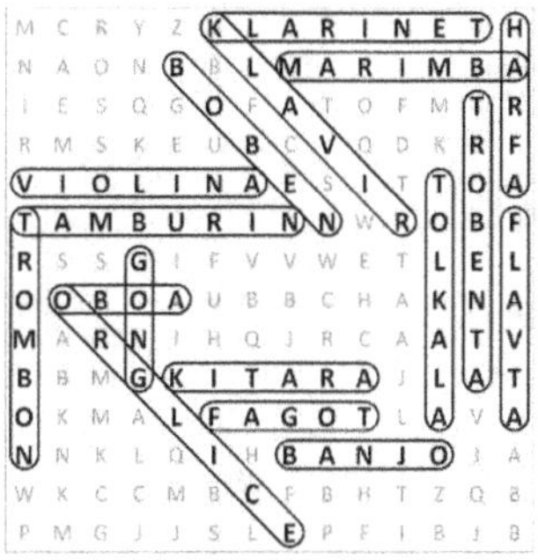

8 - Échecs

9 - Herboristerie

10 - Véhicules

11 - Camping

12 - Conservation

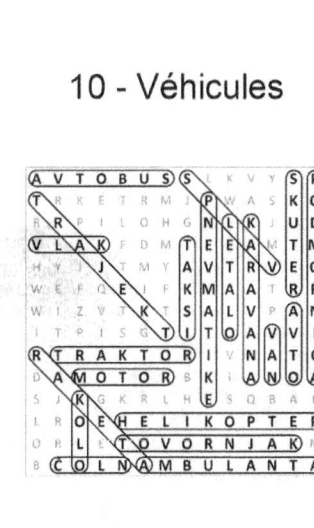
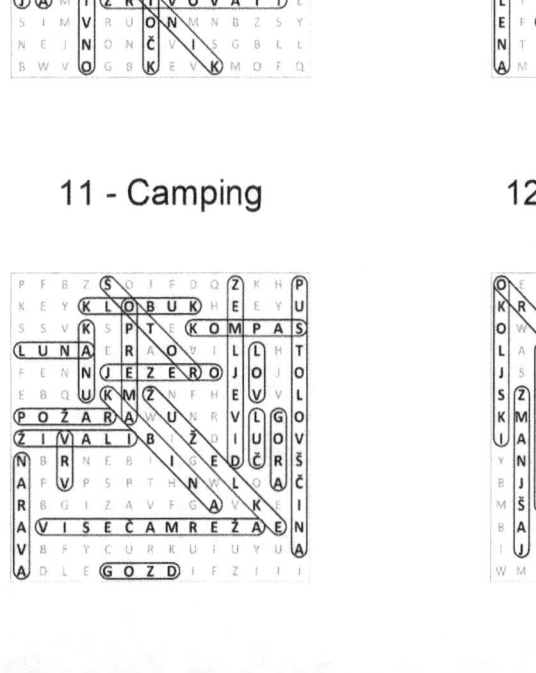

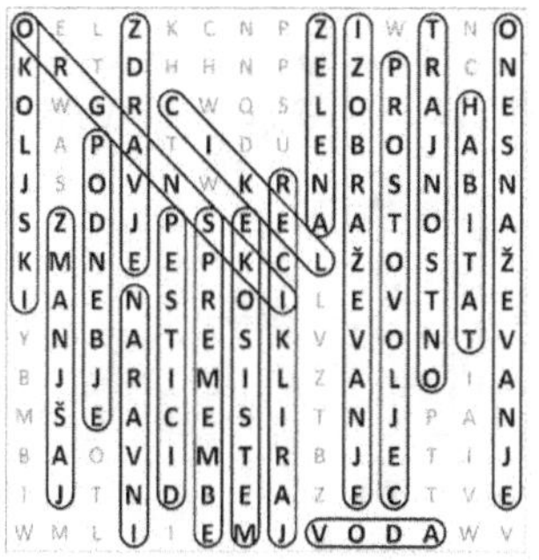

13 - Écologie

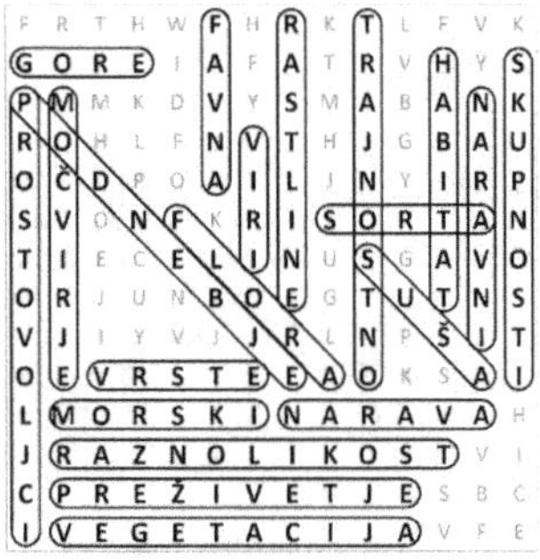

14 - Astronomie

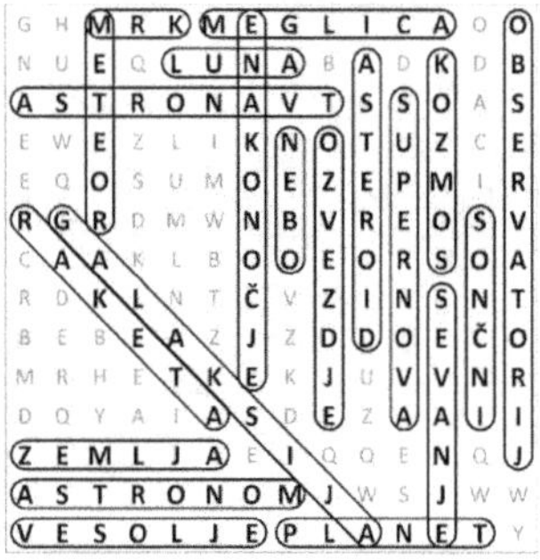

15 - Types de Cheveux

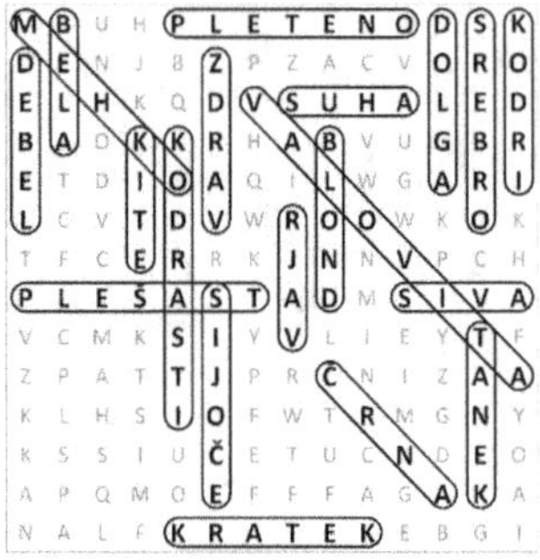

16 - Restaurant #1

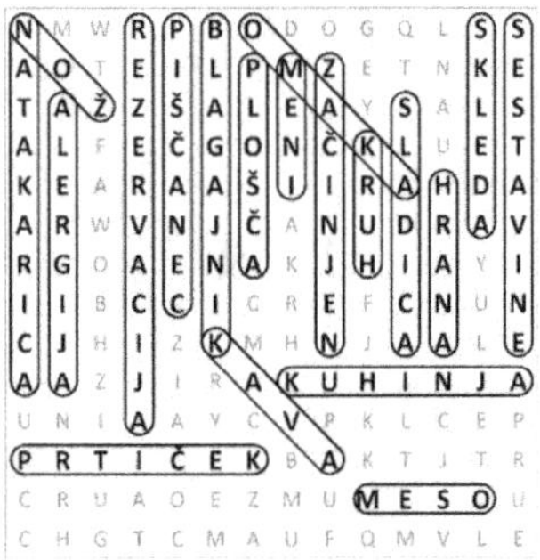

17 - Mammifères

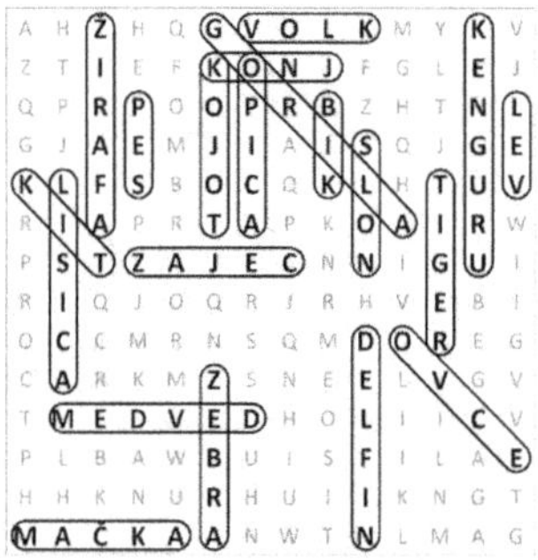

18 - Sports

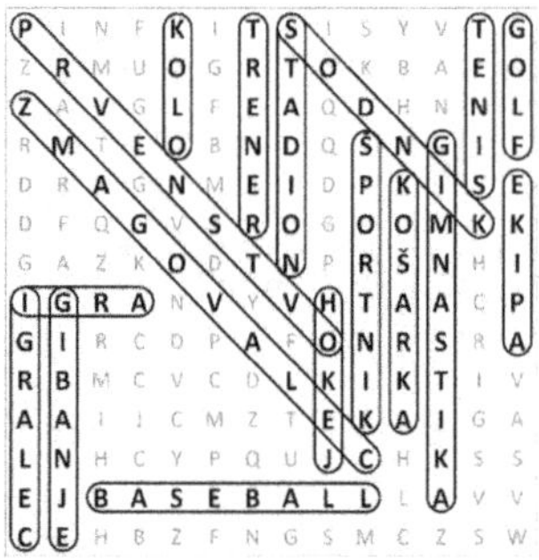

19 - Chocolat

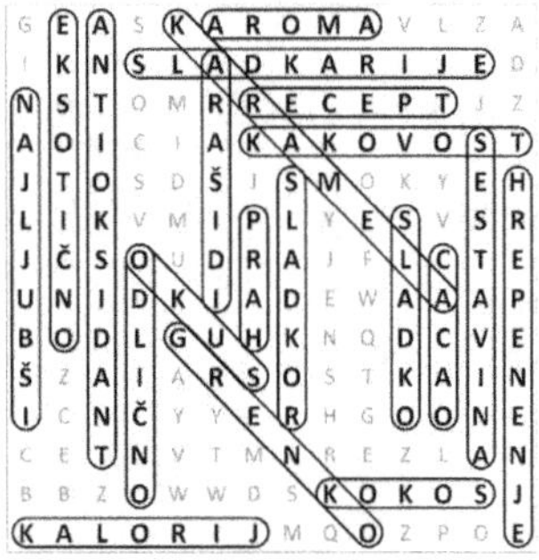

20 - Mathématiques

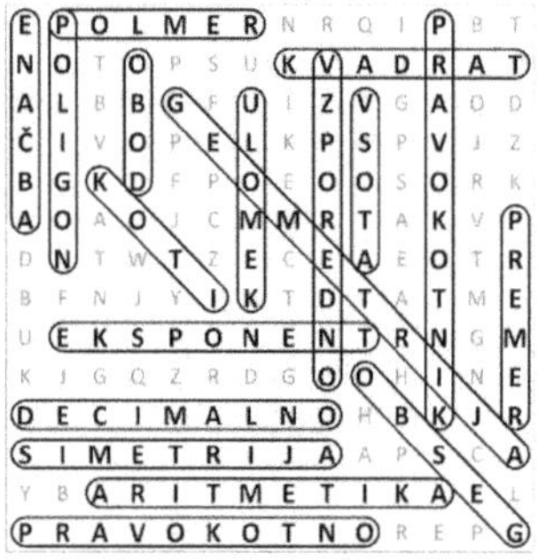

21 - Mythologie

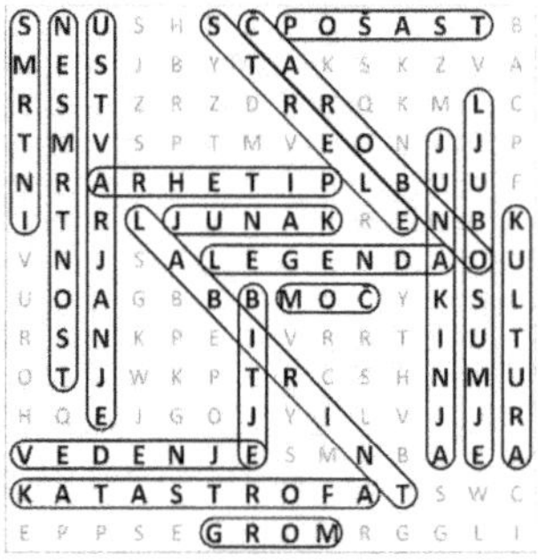

22 - Restaurant #2

23 - Couleurs

24 - Avions

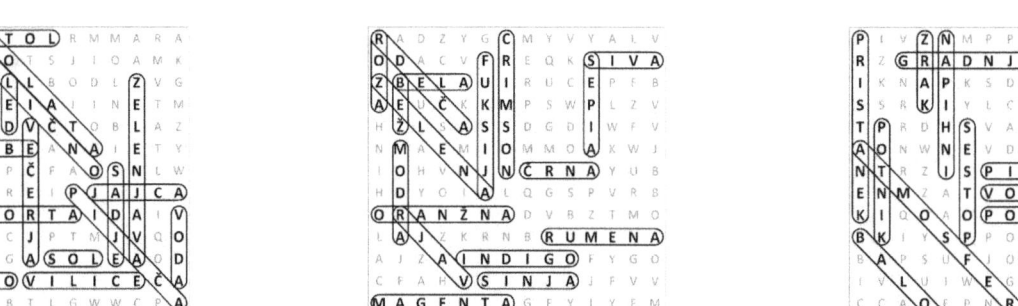

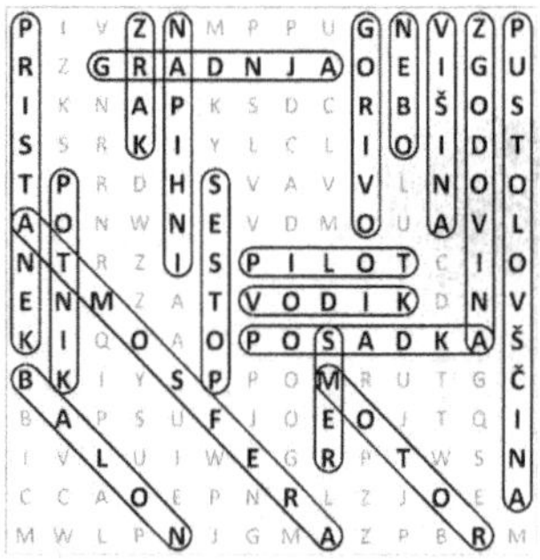

25 - Aventure

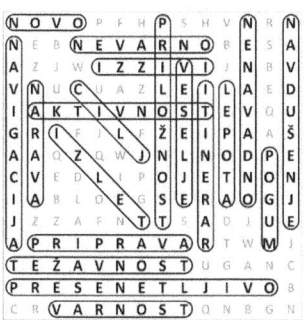

26 - Ville

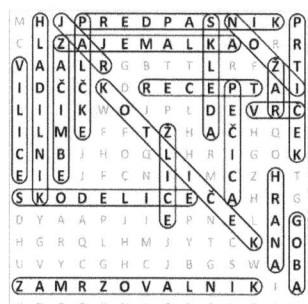

27 - Cuisine

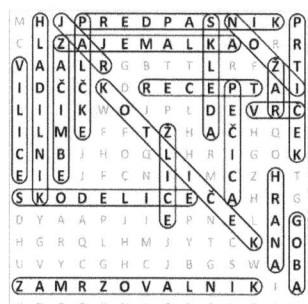

28 - Corps Humain

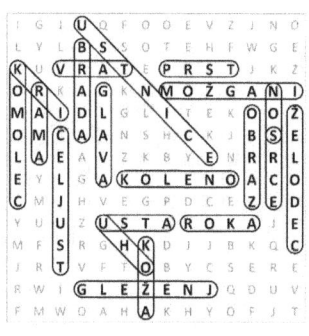

29 - Épices

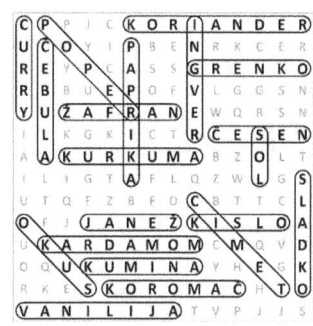

30 - Science

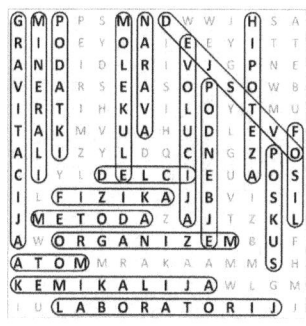

31 - Chats

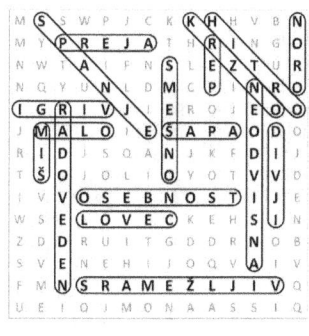

32 - Vêtements

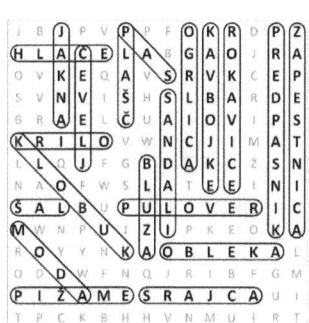

33 - Arts Visuels

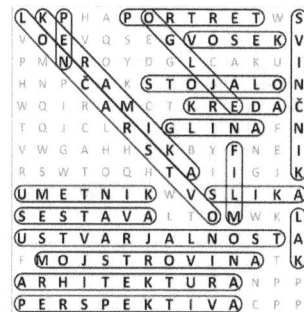

34 - Méditation

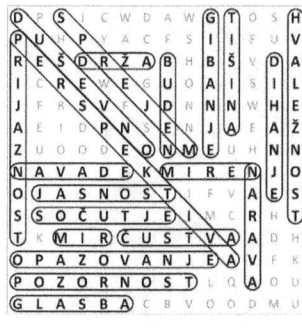

35 - Littérature

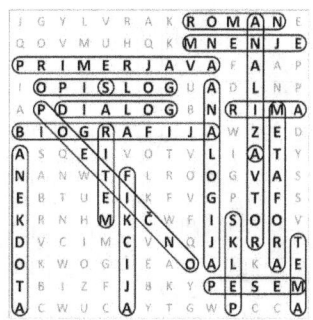

36 - Nourriture #1

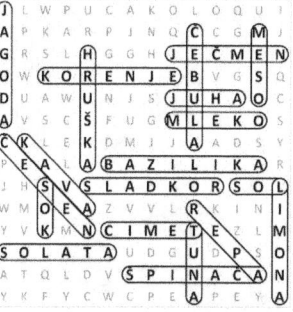

37 - Jours et Mois

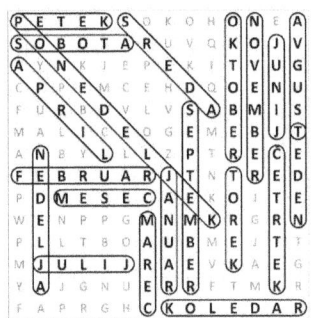

38 - Championnat

39 - Pirates

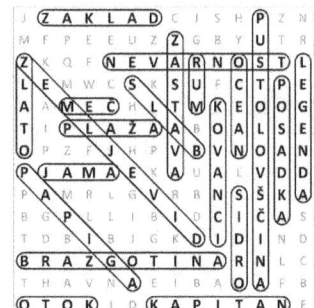

40 - Activités

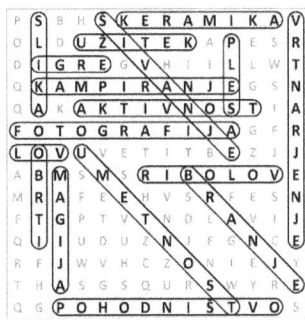

41 - Fleurs

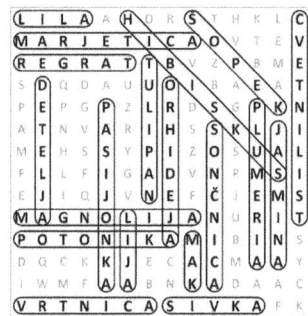

42 - Nourriture #2

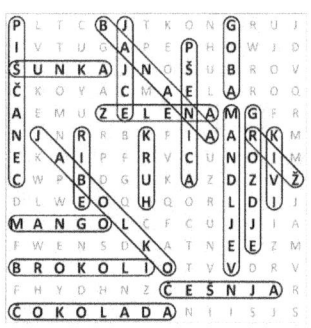

43 - Océan

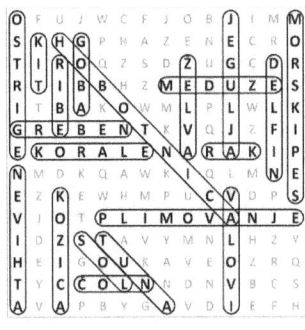

44 - Remplir

45 - Ballet

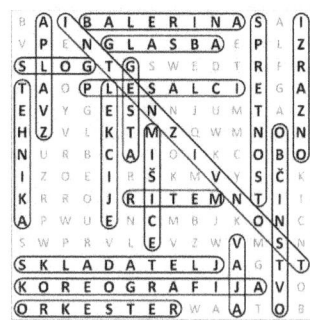

46 - Fruit

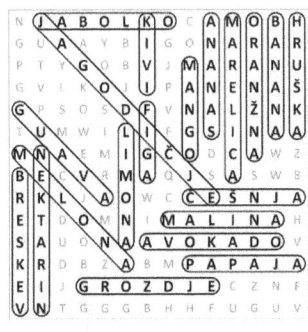

47 - Surf

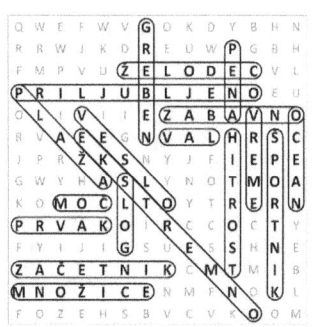

48 - Technologie

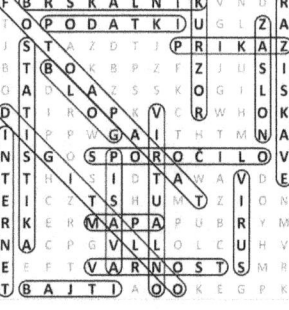

49 - Comédie

50 - Météo

51 - Châteaux

52 - Randonnée

53 - Art

54 - Nutrition

55 - Science Fiction

56 - Vertus #1

57 - Professions #1

58 - Géologie

59 - Cirque

60 - Jardin

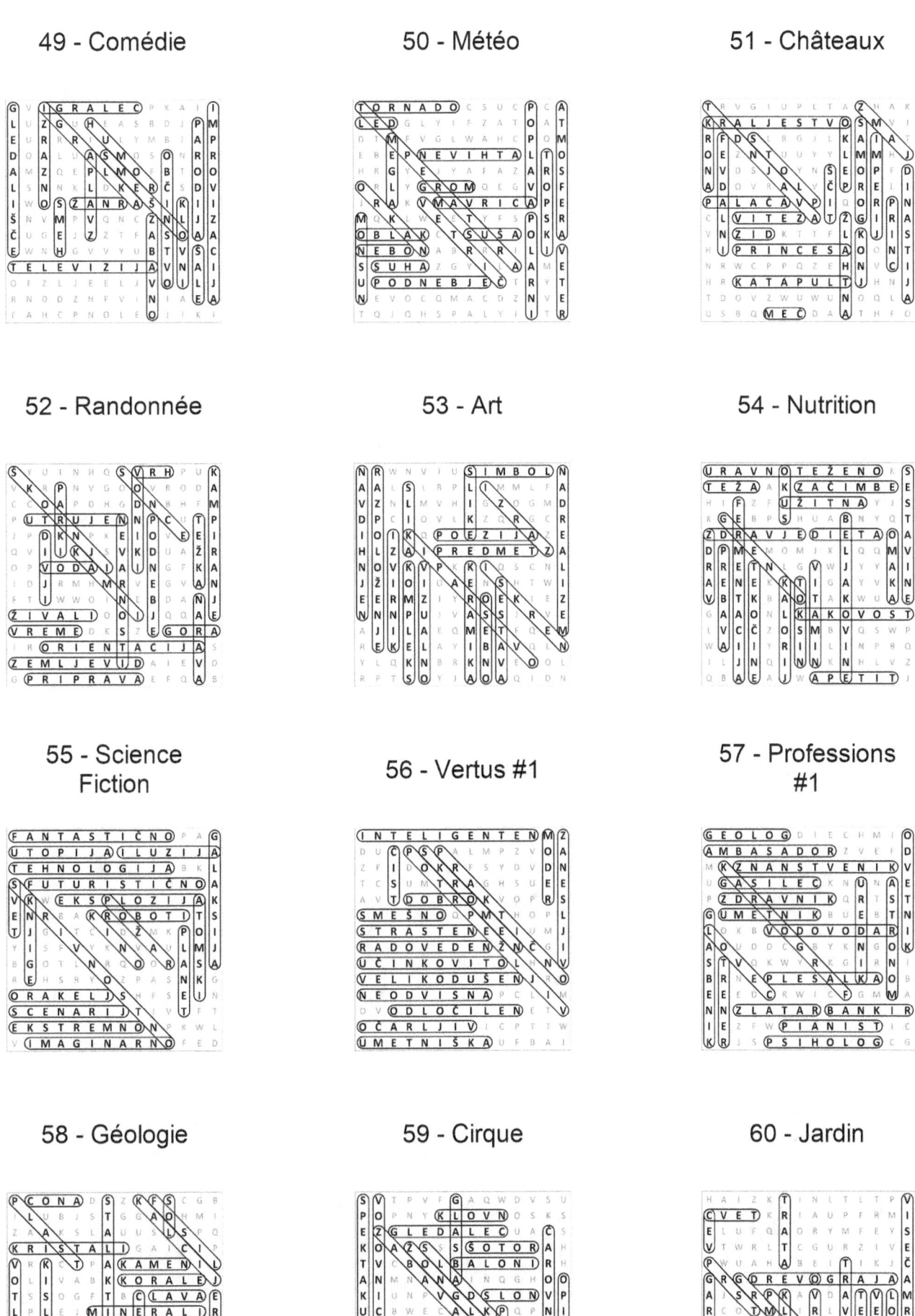

61 - Barbecues

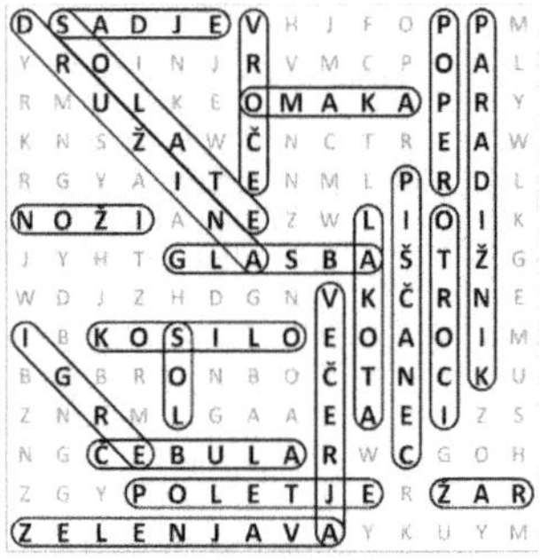

62 - Anniversaire

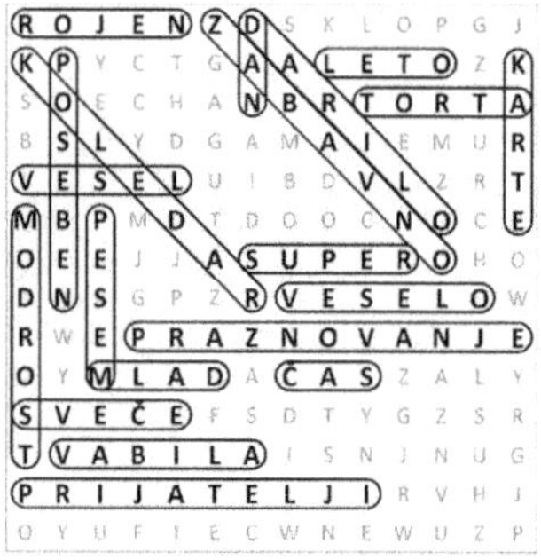

63 - Animaux de Compagnie

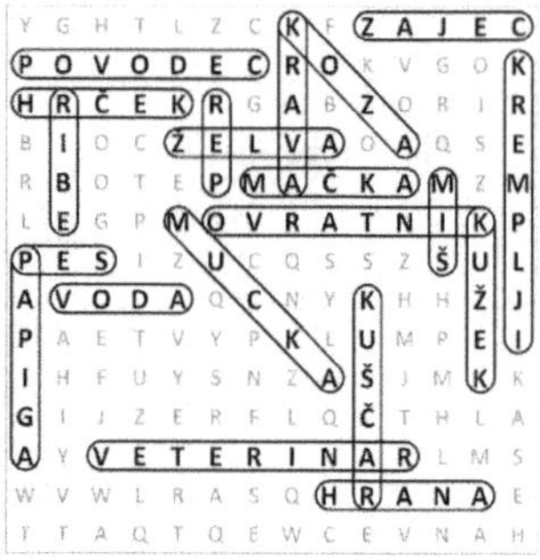

64 - Forêt Tropicale

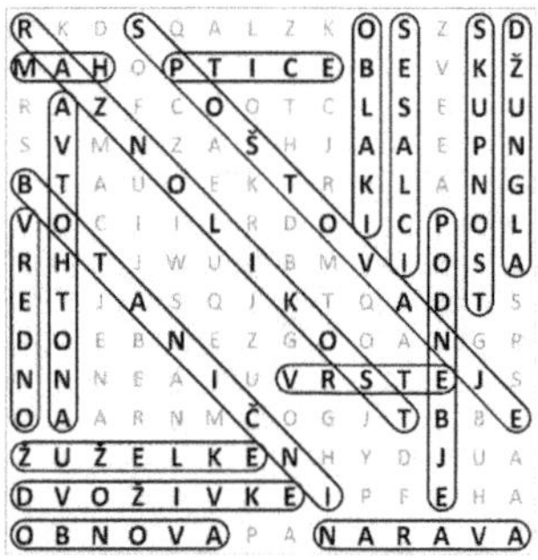

65 - Insectes

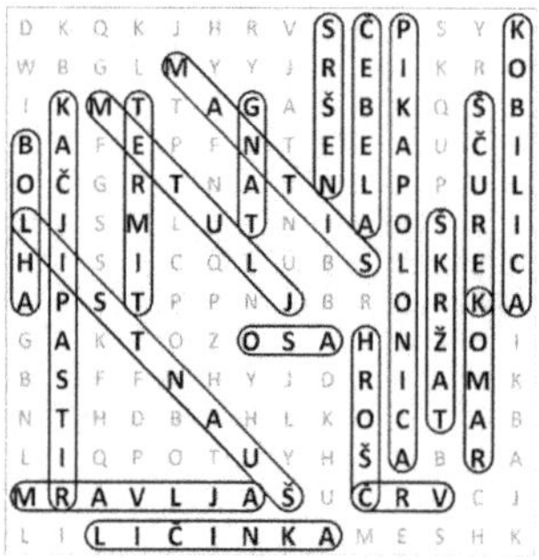

66 - Ferme #1

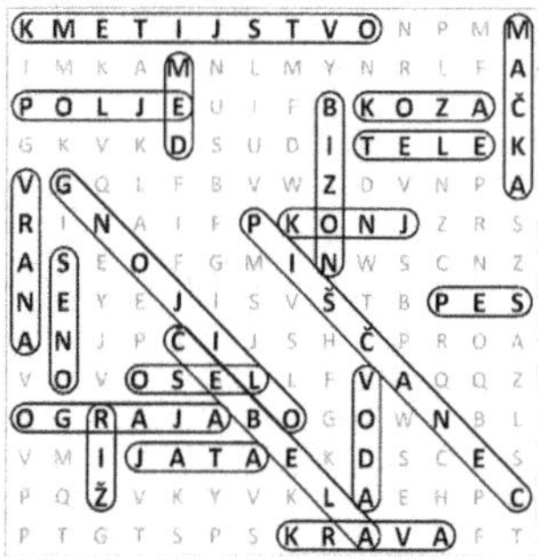

67 - Escalade

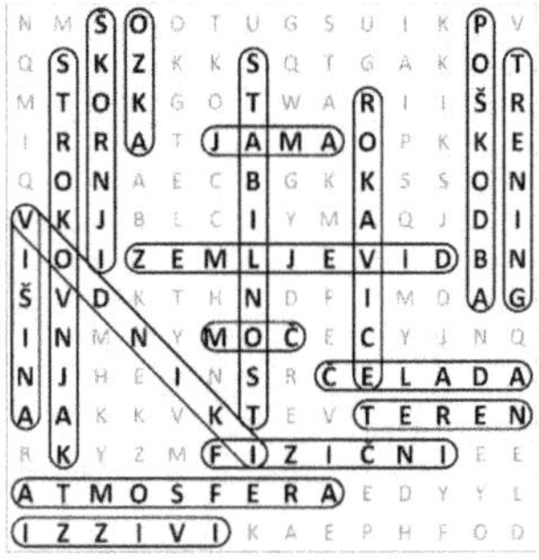

68 - École #2

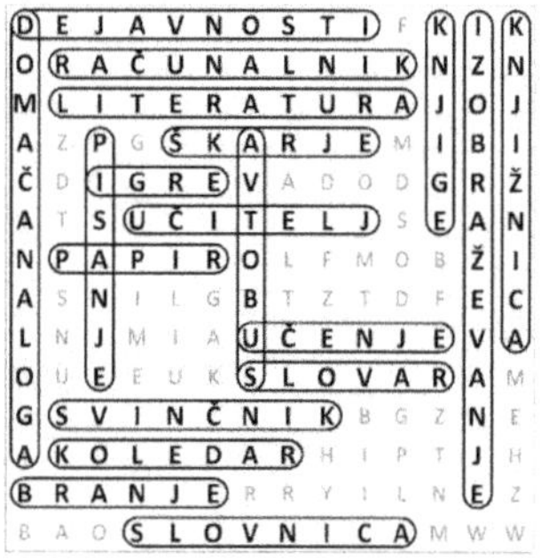

69 - Antarctique

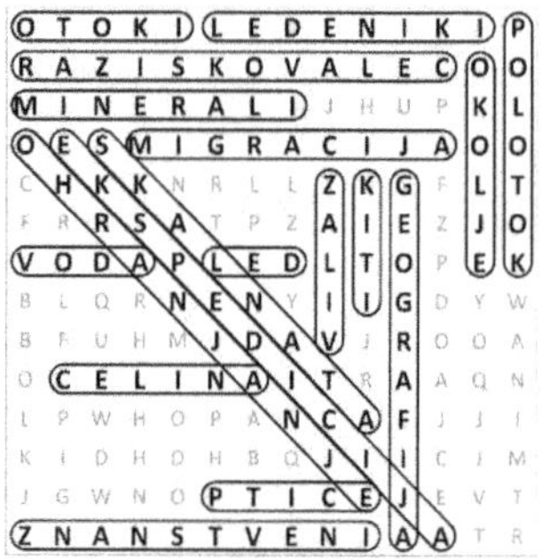

70 - Professions #2

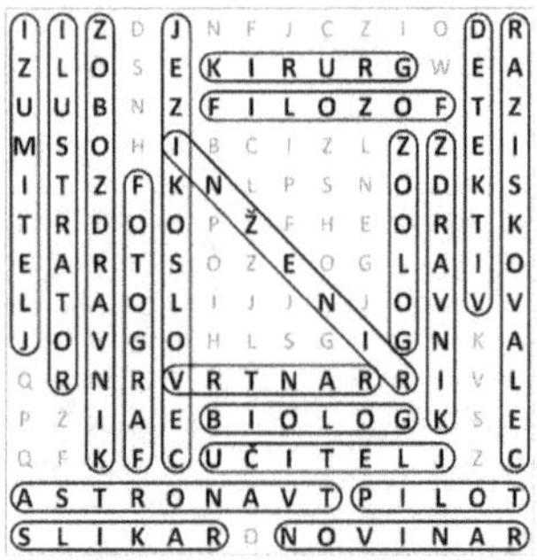

71 - Les Abeilles

72 - Dinosaures

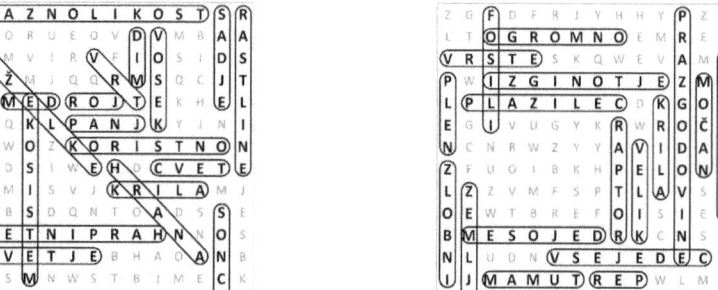

73 - Conduite

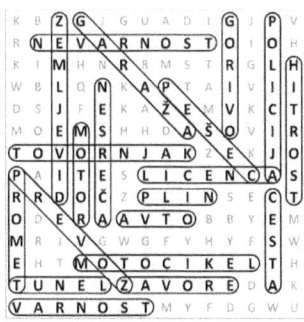

74 - Plantes

75 - Ferme #2

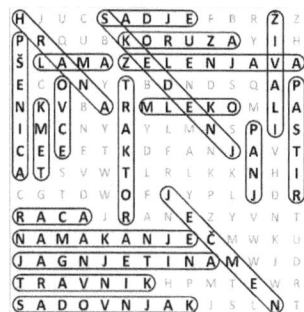

76 - École #1

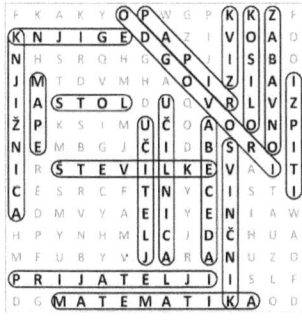

77 - Vacances #2

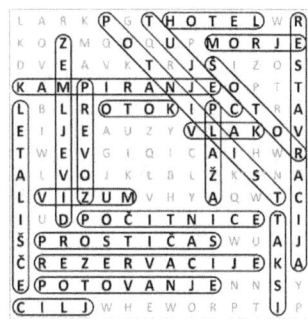

78 - Temps

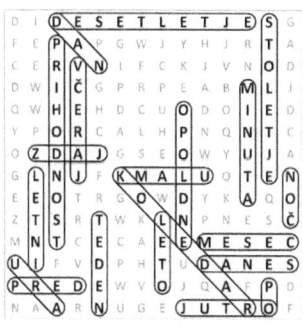

79 - Maison

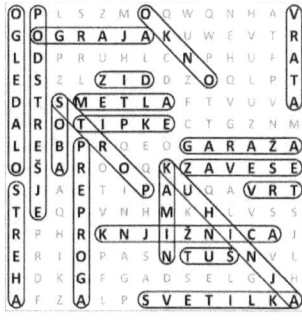

80 - Légumes

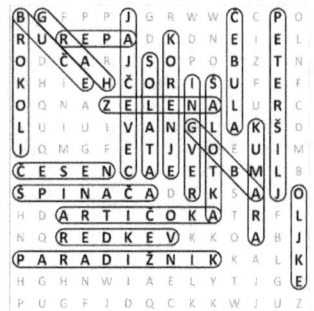

81 - Plage

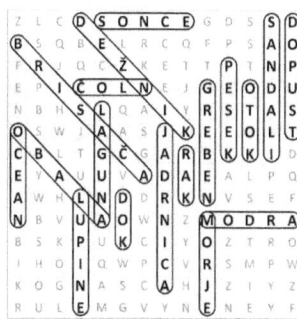

82 - Famille

83 - Oiseaux

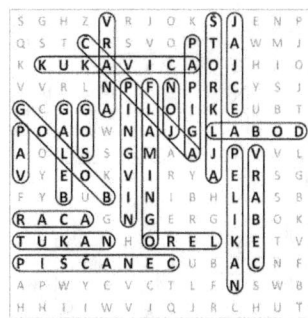

84 - Disciplines Scientifiques

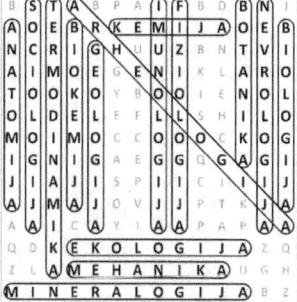

85 - Émotions

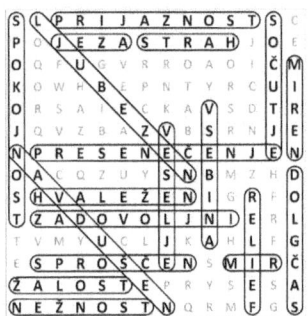

86 - Géographie

87 - Danse

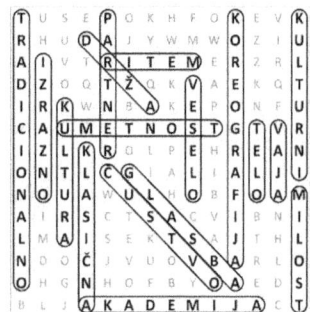

88 - Bâtiments

89 - Pêche

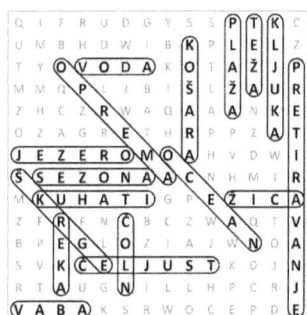

90 - Activités et Loisirs

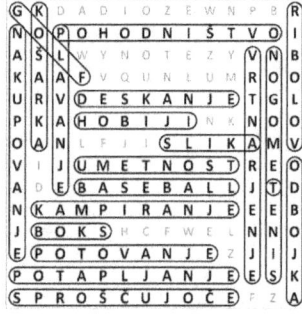

91 - Livres

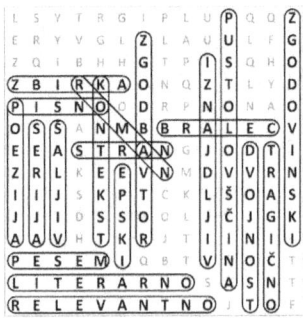

92 - Pays #2

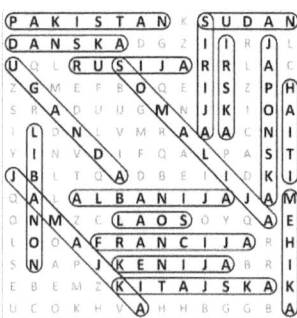

93 - Fournitures d'Art

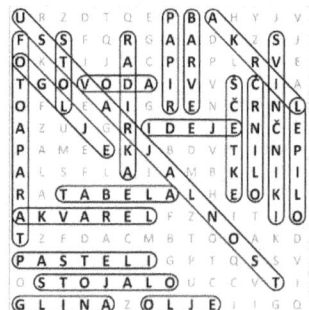

94 - Jouets

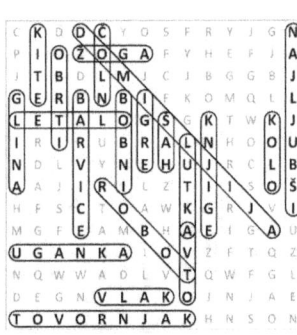

95 - Eau

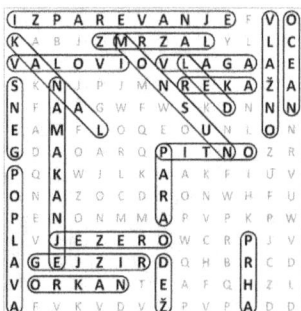

96 - Paysages

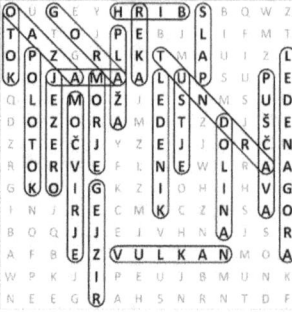

97 - Nombres

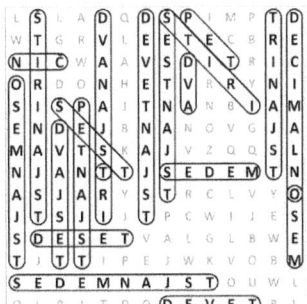

98 - Nature

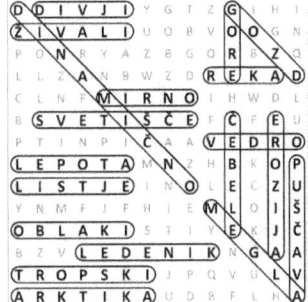

99 - Bateaux

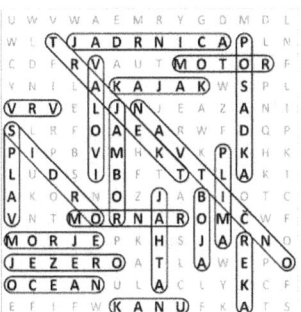

100 - Mesures

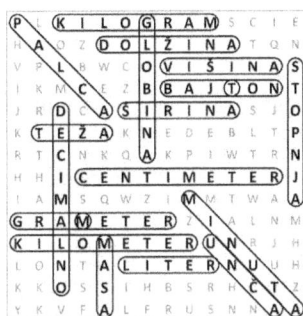

Dictionnaire

Activités
Dejavnosti

Activité	Aktivnost
Art	Umetnost
Artisanat	Obrti
Camping	Kampiranje
Céramique	Keramika
Chasse	Lov
Compétence	Spretnost
Couture	Šivanje
Danse	Ples
Jardinage	Vrtnarjenje
Jeux	Igre
Lecture	Branje
Loisir	Prosti Čas
Magie	Magija
Peinture	Slika
Pêche	Ribolov
Photographie	Fotografija
Plaisir	Užitek
Randonnée	Pohodništvo
Relaxation	Sprostitev

Activités et Loisirs
Aktivnosti in Prosti Čas

Achats	Nakupovanje
Art	Umetnost
Base-Ball	Baseball
Basket-Ball	Košarka
Boxe	Boks
Camping	Kampiranje
Football	Nogomet
Golf	Golf
Jardinage	Vrtnarjenje
Nager	Plavanje
Passe-Temps	Hobiji
Peinture	Slika
Pêche	Ribolov
Plongée	Potapljanje
Randonnée	Pohodništvo
Relaxant	Sproščujoče
Surf	Deskanje
Tennis	Tenis
Volley-Ball	Odbojka
Voyage	Potovanje

Adjectifs #1
Pridevniki #1

Absolu	Absolutno
Actif	Aktivno
Ambitieux	Ambiciozen
Aromatique	Aromatično
Artistique	Umetniška
Attractif	Privlačna
Beau	Lepa
Exotique	Eksotično
Énorme	Ogromno
Généreux	Velikodušen
Honnête	Iskren
Identique	Identično
Important	Pomembno
Innocent	Nedolžen
Jeune	Mlad
Lent	Počasen
Lourd	Težka
Mince	Tanek
Moderne	Moderno
Parfait	Popoln

Adjectifs #2
Pridevniki #2

Authentique	Verodostojno
Célèbre	Slaven
Créatif	Kreativno
Descriptif	Opisno
Doué	Nadarjen
Dramatique	Dramatično
Élégant	Elegantno
Fier	Ponosen
Fort	Močno
Intéressant	Zanimivo
Naturel	Naravni
Nouveau	Novo
Productif	Produktivno
Puissant	Močan
Pur	Čista
Responsable	Odgovoren
Sain	Zdrav
Salé	Slan
Sauvage	Divji
Sec	Suha

Animaux de Compagnie
Hišni Ljubljenčki

Chat	Mačka
Chaton	Mucka
Chèvre	Koza
Chien	Pes
Chiot	Kužek
Collier	Ovratnik
Eau	Voda
Griffes	Kremplji
Hamster	Hrček
Laisse	Povodec
Lapin	Zajec
Lézard	Kuščar
Nourriture	Hrana
Perroquet	Papiga
Poisson	Ribe
Queue	Rep
Souris	Miš
Tortue	Želva
Vache	Krava
Vétérinaire	Veterinar

Anniversaire
Rojstni Dan

Amis	Prijatelji
Amusement	Zabavno
Année	Leto
Bougies	Sveče
Cadeau	Darilo
Calendrier	Koledar
Cartes	Karte
Chanson	Pesem
Fête	Praznovanje
Gâteau	Torta
Heureux	Vesel
Invitations	Vabila
Jeune	Mlad
Jour	Dan
Joyeux	Veselo
Né	Rojen
Sagesse	Modrost
Spécial	Poseben
Super	Super
Temps	Čas

Antarctique
Antarktika

Baie	Zaliv
Baleines	Kiti
Chercheur	Raziskovalec
Conservation	Ohranjanje
Continent	Celina
Eau	Voda
Environnement	Okolje
Expédition	Ekspedicija
Géographie	Geografija
Glace	Led
Glaciers	Ledeniki
Îles	Otoki
Migration	Migracija
Minéraux	Minerali
Oiseaux	Ptice
Péninsule	Polotok
Rocheux	Skalnata
Scientifique	Znanstveni
Température	Temperatura
Topographie	Topografija

Art
Umetnost

Céramique	Keramika
Complexe	Kompleks
Composition	Sestava
Créer	Ustvariti
Expression	Izraz
Figure	Slika
Honnête	Iskren
Humeur	Razpoloženje
Inspiré	Navdihnjen
Original	Izvirnik
Peintures	Slike
Personnel	Osebno
Poésie	Poezija
Sculpture	Kiparstvo
Simple	Preprosto
Sujet	Predmet
Surréalisme	Nadrealizem
Symbole	Simbol
Visuel	Vizualno

Arts Visuels
Vizualne Umetnosti

Architecture	Arhitektura
Argile	Glina
Artiste	Umetnik
Céramique	Keramika
Charbon	Oglje
Chef-D'Œuvre	Mojstrovina
Chevalet	Stojalo
Cire	Vosek
Composition	Sestava
Craie	Kreda
Crayon	Svinčnik
Créativité	Ustvarjalnost
Film	Film
Peinture	Slika
Perspective	Perspektiva
Portrait	Portret
Poterie	Lončarstvo
Sculpture	Skulptura
Stylo	Pen
Vernis	Lak

Astronomie
Astronomija

Astéroïde	Asteroid
Astronaute	Astronavt
Astronome	Astronom
Ciel	Nebo
Constellation	Ozvezdje
Cosmos	Kozmos
Éclipse	Mrk
Équinoxe	Enakonočje
Fusée	Raketa
Galaxie	Galaksija
Lune	Luna
Météore	Meteor
Nébuleuse	Meglica
Observatoire	Observatorij
Planète	Planet
Radiation	Sevanje
Solaire	Sončni
Supernova	Supernova
Terre	Zemlja
Univers	Vesolje

Aventure
Pustolovščina

Activité	Aktivnost
Beauté	Lepota
Bravoure	Pogum
Chance	Priložnost
Dangereux	Nevarno
Destination	Cilj
Défis	Izzivi
Difficulté	Težavnost
Enthousiasme	Navdušenje
Excursion	Izlet
Inhabituel	Nenavadno
Itinéraire	Itinerar
Joie	Veselje
Nature	Narava
Navigation	Navigacija
Nouveau	Novo
Préparation	Priprava
Sécurité	Varnost
Surprenant	Presenetljivo
Voyages	Potovanja

Avions
Letala

Air	Zrak
Atmosphère	Atmosfera
Atterrissage	Pristanek
Aventure	Pustolovščina
Ballon	Balon
Carburant	Gorivo
Ciel	Nebo
Construction	Gradnja
Descente	Sestop
Direction	Smer
Équipage	Posadka
Gonfler	Napihni
Hauteur	Višina
Hélices	Propelerji
Histoire	Zgodovina
Hydrogène	Vodik
Moteur	Motor
Passager	Potnik
Pilote	Pilot
Turbulence	Turbulenca

Ballet
Balet

Applaudissement	Aplavz
Artistique	Umetniška
Ballerine	Balerina
Chorégraphie	Koreografija
Compétence	Spretnost
Compositeur	Skladatelj
Danseurs	Plesalci
Expressif	Izrazno
Geste	Gesta
Intensité	Intenzivnost
Leçons	Lekcije
Muscles	Mišice
Musique	Glasba
Orchestre	Orkester
Public	Občinstvo
Répétition	Vaja
Rythme	Ritem
Style	Slog
Technique	Tehnika

Barbecues
Ražnji

Chaud	Vroče
Couteaux	Noži
Déjeuner	Kosilo
Dîner	Večerja
Enfants	Otroci
Été	Poletje
Faim	Lakota
Famille	Družina
Fruit	Sadje
Gril	Žar
Jeux	Igre
Légumes	Zelenjava
Musique	Glasba
Oignons	Čebula
Poivre	Poper
Poulet	Piščanec
Salades	Solate
Sauce	Omaka
Sel	Sol
Tomates	Paradižnik

Bateaux
Čolni

Ancre	Sidro
Bouée	Boja
Canoë	Kanu
Corde	Vrv
Équipage	Posadka
Ferry	Trajekt
Fleuve	Reka
Kayak	Kajak
Lac	Jezero
Marée	Plima
Marin	Mornar
Mât	Jambor
Mer	Morje
Moteur	Motor
Nautique	Navtično
Océan	Ocean
Radeau	Splav
Vagues	Valovi
Voilier	Jadrnica
Yacht	Jahta

Bâtiments
Zgradbe

Appartement	Stanovanje
Atelier	Delavnica
Cabine	Kabina
Château	Grad
Cinéma	Kino
École	Šola
Garage	Garaža
Grange	Skedenj
Hôpital	Bolnišnica
Hôtel	Hotel
Laboratoire	Laboratorij
Musée	Muzej
Observatoire	Observatorij
Stade	Stadion
Supermarché	Supermarket
Tente	Šotor
Théâtre	Gledališče
Tour	Stolp
Université	Univerza
Usine	Tovarna

Camping
Kampiranje

Animaux	Živali
Aventure	Pustolovščina
Boussole	Kompas
Cabine	Kabina
Canoë	Kanu
Carte	Zemljevid
Chapeau	Klobuk
Chasse	Lov
Corde	Vrv
Équipement	Oprema
Feu	Požar
Forêt	Gozd
Hamac	Viseča Mreža
Insecte	Žuželke
Lac	Jezero
Lanterne	Luč
Lune	Luna
Montagne	Gora
Nature	Narava
Tente	Šotor

Championnat
Prvenstvo

Champion	Prvak
Championnat	Prvenstvo
Endurance	Vzdržljivost
Entraîneur	Trener
Équipe	Ekipa
Finaliste	Finalist
Jeux	Igre
Juge	Sodnik
Ligue	Liga
Médaille	Medalja
Motivation	Motivacija
Performance	Izvedba
Sports	Šport
Stratégie	Strategija
Tournoi	Turnir
Transpiration	Znoj
Victoire	Zmaga

Chats
Mačke

Chasseur	Lovec
Curieux	Radoveden
Dormir	Spanje
Drôle	Smešno
Espiègle	Igriv
Fil	Preja
Fou	Noro
Fourrure	Krzno
Indépendant	Neodvisna
Patte	Šapa
Personnalité	Osebnost
Peu	Malo
Queue	Rep
Rapide	Hitro
Sauvage	Divji
Souris	Miš
Timide	Sramežljiv

Châteaux
Gradovi

Armure	Oklep
Bouclier	Ščit
Catapulte	Katapult
Cheval	Konj
Chevalier	Vitez
Couronne	Krona
Dragon	Zmaj
Dynastie	Dinastija
Empire	Imperij
Épée	Meč
Féodal	Fevdalni
Forteresse	Trdnjava
Licorne	Samorog
Mur	Zid
Noble	Žlahtna
Palais	Palača
Prince	Princ
Princesse	Princesa
Royaume	Kraljestvo
Tour	Stolp

Chocolat
Čokolada

Amer	Grenko
Antioxydant	Antioksidant
Arôme	Aroma
Bonbon	Sladkarije
Cacahuètes	Arašidi
Cacao	Cacao
Calories	Kalorij
Caramel	Karamela
Délicieux	Odlično
Doux	Sladko
Envie	Hrepenenje
Exotique	Eksotično
Favori	Najljubši
Goût	Okus
Ingrédient	Sestavina
Noix de Coco	Kokos
Poudre	Prah
Qualité	Kakovost
Recette	Recept
Sucre	Sladkor

Cirque
Cirkus.

Acrobate	Akrobat
Animaux	Živali
Ballons	Baloni
Billet	Vozovnica
Bonbon	Sladkarije
Clown	Klovn
Costume	Kostum
Divertir	Zabavati
Éléphant	Slon
Jongleur	Žongler
Lion	Lev
Magicien	Čarovnik
Magie	Magija
Musique	Glasba
Parade	Parada
Singe	Opica
Spectaculaire	Spektakularno
Spectateur	Gledalec
Tente	Šotor
Tigre	Tiger

Comédie
Komedija

Acteur	Igralec
Actrice	Igralka
Amusement	Zabavno
Applaudissement	Aplavz
Blagues	Šale
Clowns	Klovni
Drôle	Smešno
Expressif	Izrazno
Genre	Žanr
Humour	Humor
Improvisation	Improvizacija
Parodie	Parodija
Public	Občinstvo
Rire	Smeh
Télévision	Televizija
Théâtre	Gledališče

Conduite
Vožnja

Accident	Nesreča
Camion	Tovornjak
Carburant	Gorivo
Carte	Zemljevid
Danger	Nevarnost
Freins	Zavore
Garage	Garaža
Gaz	Plin
Licence	Licenca
Moteur	Motor
Moto	Motocikel
Piéton	Pešec
Police	Policija
Route	Cesta
Sécurité	Varnost
Trafic	Promet
Transport	Prevoz
Tunnel	Tunel
Vitesse	Hitrost
Voiture	Avto

Conservation
Ohranjanje

Bénévole	Prostovoljec
Changements	Spremembe
Climat	Podnebje
Cycle	Cikel
Durable	Trajnostno
Eau	Voda
Environnemental	Okoljski
Écosystème	Ekosistem
Éducation	Izobraževanje
Habitat	Habitat
Naturel	Naravni
Organique	Organski
Pesticide	Pesticid
Pollution	Onesnaževanje
Recycler	Recikliraj
Réduire	Zmanjšaj
Santé	Zdravje
Vert	Zelena

Corps Humain
Člověško Telo

Bouche	Usta
Cerveau	Možgani
Cheville	Gleženj
Cou	Vrat
Coude	Komolec
Cœur	Srce
Doigt	Prst
Estomac	Želodec
Épaule	Rama
Genou	Koleno
Lèvres	Ustnice
Main	Roka
Mâchoire	Čeljust
Menton	Brada
Nez	Nos
Oreille	Uho
Peau	Koža
Sang	Kri
Tête	Glava
Visage	Obraz

Couleurs
Barve

Beige	Bež
Blanc	Bela
Bleu	Modra
Cramoisi	Crimson
Cyan	Sinja
Fuchsia	Fuksija
Gris	Siva
Indigo	Indigo
Jaune	Rumena
Magenta	Magenta
Marron	Rjav
Noir	Črna
Orange	Oranžna
Rose	Roza
Rouge	Rdeča
Sépia	Sepia
Vert	Zelena
Violet	Vijolična

Cuisine
Kuhinja

Baguettes	Palčke
Bol	Skleda
Bouilloire	Kotliček
Congélateur	Zamrzovalnik
Couteaux	Noži
Cruche	Vrč
Cuillères	Žlice
Épices	Začimbe
Éponge	Goba
Four	Pečica
Fourchettes	Vilice
Gril	Žar
Louche	Zajemalka
Nourriture	Hrana
Pot	Jar
Recette	Recept
Réfrigérateur	Hladilnik
Serviette	Prtiček
Tablier	Predpasnik
Tasses	Skodelice

Danse
Pleši

Académie	Akademija
Art	Umetnost
Chorégraphie	Koreografija
Classique	Klasična
Corps	Telo
Culture	Kultura
Culturel	Kulturni
Expressif	Izrazno
Émotion	Čustvo
Grâce	Milost
Joyeux	Veselo
Mouvement	Gibanje
Musique	Glasba
Partenaire	Partner
Posture	Drža
Répétition	Vaja
Rythme	Ritem
Traditionnel	Tradicionalno
Visuel	Vizualno

Dinosaures
Dinozavri.

Ailes	Krila
Carnivore	Mesojed
Disparition	Izginotje
Espèce	Vrste
Énorme	Ogromno
Évolution	Evolucija
Fossiles	Fosili
Grand	Velik
Herbivore	Rastlinojed
Mammouth	Mamut
Omnivore	Vsejedec
Préhistorique	Prazgodovine
Proie	Plen
Puissant	Močan
Queue	Rep
Rapace	Raptor
Reptile	Plazilec
Taille	Velikost
Terre	Zemlja
Vicieux	Zlobni

Disciplines Scientifiques
Znanstvene Discipline

Anatomie	Anatomija
Archéologie	Arheologija
Astronomie	Astronomija
Biochimie	Biokemija
Biologie	Biologija
Botanique	Botanika
Chimie	Kemija
Écologie	Ekologija
Géologie	Geologija
Immunologie	Imunologija
Linguistique	Jezikoslovje
Mécanique	Mehanika
Météorologie	Meteorologija
Minéralogie	Mineralogija
Neurologie	Nevrologija
Physiologie	Fiziologija
Psychologie	Psihologija
Sociologie	Sociologija
Thermodynamiq ue	Termodinamika
Zoologie	Zoologija

Eau
Voda

Canal	Kanal
Douche	Prha
Évaporation	Izparevanje
Fleuve	Reka
Gel	Zmrzal
Geyser	Gejzir
Glace	Led
Humide	Vlažno
Humidité	Vlaga
Inondation	Poplava
Irrigation	Namakanje
Lac	Jezero
Mousson	Monsun
Neige	Sneg
Océan	Ocean
Ouragan	Orkan
Pluie	Dež
Potable	Pitno
Vagues	Valovi
Vapeur	Para

Escalade
Plezanje

Altitude	Višina
Atmosphère	Atmosfera
Blessure	Poškodba
Bottes	Škornji
Carte	Zemljevid
Casque	Čelada
Curiosité	Radovednost
Défis	Izzivi
Expert	Strokovnjak
Étroit	Ozka
Force	Moč
Formation	Trening
Gants	Rokavice
Grotte	Jama
Guides	Vodniki
Physique	Fizični
Randonnée	Pohodništvo
Stabilité	Stabilnost
Terrain	Teren

Exploration
Raziskovanje

Activité	Aktivnost
Animaux	Živali
Courage	Pogum
Cultures	Kulture
Dangers	Nevarnosti
Découverte	Odkritje
Détermination	Odločnost
Espace	Prostor
Excitation	Vznemirjenje
Épuisement	Izčrpanje
Inconnu	Neznano
Langue	Jezik
Lointain	Oddaljeno
Nouveau	Novo
Périlleux	Nevarno
Sauvage	Divji
Terrain	Teren
Voyage	Potovanje

Échecs
Šah

Adversaire	Nasprotnik
Blanc	Bela
Champion	Prvak
Concours	Natečaj
Défis	Izzivi
Diagonal	Diagonalno
Jeu	Igra
Joueur	Igralec
Noir	Črna
Passif	Pasivno
Points	Točk
Reine	Kraljica
Règles	Pravila
Roi	Kralj
Sacrifice	Žrtvovati
Stratégie	Strategija
Temps	Čas
Tournoi	Turnir

École #1
Šola #1

Alphabet	Abeceda
Amis	Prijatelji
Amusement	Zabavno
Bibliothèque	Knjižnica
Chaise	Stol
Crayon	Svinčnik
Déjeuner	Kosilo
Dossiers	Mape
Enseignant	Učitelj
Examens	Izpiti
Livres	Knjige
Math	Matematika
Nombres	Številke
Papier	Papir
Quiz	Kviz
Réponses	Odgovori
Salle de Classe	Učilnica

École #2
Šola #2

Activités	Dejavnosti
Apprentissage	Učenje
Bibliothèque	Knjižnica
Bus	Avtobus
Calendrier	Koledar
Ciseaux	Škarje
Crayon	Svinčnik
Devoirs	Domača Naloga
Dictionnaire	Slovar
Enseignant	Učitelj
Écriture	Pisanje
Éducation	Izobraževanje
Grammaire	Slovnica
Jeux	Igre
Lecture	Branje
Littérature	Literatura
Livres	Knjige
Ordinateur	Računalnik
Papier	Papir
Science	Znanost

Écologie
Ekologija

Bénévoles	Prostovoljci
Climat	Podnebje
Communautés	Skupnosti
Diversité	Raznolikost
Durable	Trajnostno
Espèce	Vrste
Faune	Favna
Flore	Flora
Habitat	Habitat
Marais	Močvirje
Marin	Morski
Montagnes	Gore
Nature	Narava
Naturel	Naravni
Plantes	Rastline
Ressources	Viri
Sécheresse	Suša
Survie	Preživetje
Variété	Sorta
Végétation	Vegetacija

Émotions
Čustva

Amour	Ljubezen
Calme	Miren
Colère	Jeza
Contenu	Vsebina
Détendu	Sproščen
Ennui	Dolgčas
Excité	Navdušen
Gentillesse	Prijaznost
Joie	Veselje
Paix	Mir
Peur	Strah
Reconnaissant	Hvaležen
Relief	Relief
Satisfait	Zadovoljni
Surprise	Presenečenje
Sympathie	Sočutje
Tendresse	Nežnost
Tranquillité	Spokojnost
Tristesse	Žalost

Épices
Začimbe

Aigre	Kislo
Ail	Česen
Amer	Grenko
Anis	Janež
Cannelle	Cimet
Cardamome	Kardamom
Coriandre	Koriander
Cumin	Kumina
Curcuma	Kurkuma
Curry	Curry
Doux	Sladko
Fenouil	Koromač
Gingembre	Ingver
Oignon	Čebula
Paprika	Paprika
Poivre	Poper
Safran	Žafran
Saveur	Okus
Sel	Sol
Vanille	Vanilija

Été
Poletje

Amis	Prijatelji
Camping	Kampiranje
Étoiles	Zvezde
Famille	Družina
Jardin	Vrt
Jeux	Igre
Joie	Veselje
Livres	Knjige
Loisir	Prosti Čas
Mer	Morje
Musique	Glasba
Nourriture	Hrana
Plage	Plaža
Plongée	Potapljanje
Relaxation	Sprostitev
Sandales	Sandali
Vacances	Dopust
Voyage	Potovanje

Famille
Družinska

Ancêtre	Prednik
Cousin	Bratranec
Enfance	Otroštvo
Enfant	Otrok
Enfants	Otroci
Femme	Žena
Fille	Hči
Frère	Brat
Grand-Mère	Babica
Grand-Père	Dedek
Mari	Mož
Maternel	Materna
Mère	Mati
Neveu	Nečak
Nièce	Nečakinja
Oncle	Stric
Paternel	Očetovski
Père	Oče
Soeur	Sestra
Tante	Teta

Ferme #1
Kmetija #1

Abeille	Čebela
Agriculture	Kmetijstvo
Âne	Osel
Bison	Bizon
Champ	Polje
Chat	Mačka
Cheval	Konj
Chèvre	Koza
Chien	Pes
Clôture	Ograja
Corbeau	Vrana
Eau	Voda
Engrais	Gnojilo
Foin	Seno
Miel	Med
Poulet	Piščanec
Riz	Riž
Troupeau	Jata
Vache	Krava
Veau	Tele

Ferme #2
Kmetija #2

Agneau	Jagnjetina
Agriculteur	Kmet
Animaux	Živali
Berger	Pastir
Blé	Pšenica
Canard	Raca
Fruit	Sadje
Grange	Skedenj
Irrigation	Namakanje
Lait	Mleko
Lama	Lama
Légume	Zelenjava
Maïs	Koruza
Mouton	Ovce
Nourriture	Hrana
Orge	Ječmen
Pré	Travnik
Ruche	Panj
Tracteur	Traktor
Verger	Sadovnjak

Fleurs
Cvetovi

Bouquet	Šopek
Gardénia	Gardenija
Hibiscus	Hibiskus
Jasmin	Jasmina
Lavande	Sivka
Lilas	Lila
Lys	Lija
Magnolia	Magnolija
Marguerite	Marjetica
Orchidée	Orhideja
Passiflore	Pasijonka
Pavot	Mak
Pétale	Cvetni List
Pissenlit	Regrat
Pivoine	Potonika
Plumeria	Plumeria
Rose	Vrtnica
Tournesol	Sončnica
Trèfle	Detelja
Tulipe	Tulipan

Forêt Tropicale
Deževni Gozd

Amphibiens	Dvoživke
Botanique	Botanični
Climat	Podnebje
Communauté	Skupnost
Diversité	Raznolikost
Espèce	Vrste
Indigène	Avtohtona
Insectes	Žuželke
Jungle	Džungla
Mammifères	Sesalci
Mousse	Mah
Nature	Narava
Nuage	Oblaki
Oiseaux	Ptice
Précieux	Vredno
Préservation	Ohranjanje
Refuge	Zatočišče
Respect	Spoštovanje
Restauration	Obnova
Survie	Preživetje

Formes
Oblike

Arc	Lok
Bords	Robovi
Carré	Kvadrat
Cercle	Krog
Coin	Vogal
Courbe	Krivulja
Cône	Stožec
Côté	Stran
Cube	Kocka
Cylindre	Valj
Ellipse	Elipsa
Hyperbole	Hiperbola
Ligne	Črta
Ovale	Ovalna
Polygone	Poligon
Prisme	Prizmo
Pyramide	Piramida
Rectangle	Pravokotnik
Sphère	Sfera
Triangle	Trikotnik

Fournitures d'Art
Potrebščine za Umetnine

Acrylique	Akril
Aquarelles	Akvarel
Argile	Glina
Brosses	Ščetke
Caméra	Fotoaparat
Chaise	Stol
Charbon	Oglje
Chevalet	Stojalo
Colle	Lepilo
Couleurs	Barve
Crayons	Svinčniki
Créativité	Ustvarjalnost
Eau	Voda
Encre	Črnilo
Gomme	Radirka
Huile	Olje
Idées	Ideje
Papier	Papir
Pastels	Pasteli
Table	Tabela

Fruit
Sadje

Abricot	Marelica
Ananas	Ananas
Avocat	Avokado
Baie	Jagodičje
Banane	Banana
Cerise	Češnja
Citron	Limona
Figue	Figa
Framboise	Malina
Goyave	Guava
Kiwi	Kivi
Mangue	Mango
Melon	Melona
Nectarine	Nektarin
Orange	Oranžna
Papaye	Papaja
Pêche	Breskev
Poire	Hruška
Pomme	Jabolko
Raisin	Grozdje

Géographie
Geografija

Altitude	Višina
Atlas	Atlas
Carte	Zemljevid
Continent	Celina
Équateur	Ekvator
Fleuve	Reka
Hémisphère	Polobla
Île	Otok
Mer	Morje
Méridien	Poldnevnik
Monde	Svet
Montagne	Gora
Nord	Sever
Océan	Ocean
Ouest	Zahod
Pays	Država
Région	Regija
Sud	Jug
Territoire	Ozemlje
Ville	Mesto

Géologie
Geologija

Acide	Kislina
Calcium	Kalcij
Caverne	Votlina
Continent	Celina
Corail	Korale
Couche	Plast
Cristaux	Kristali
Érosion	Erozija
Fondu	Staljen
Fossile	Fosil
Geyser	Gejzir
Lave	Lava
Minéraux	Minerali
Pierre	Kamen
Plateau	Plato
Quartz	Kremen
Sel	Sol
Stalactite	Stalaktit
Volcan	Vulkan
Zone	Cona

Herboristerie
Zeliščarstvo

Ail	Česen
Aromatique	Aromatično
Basilic	Bazilika
Bénéfique	Koristno
Culinaire	Kulinarika
Estragon	Pehtran
Fenouil	Koromač
Fleur	Cvet
Ingrédient	Sestavina
Jardin	Vrt
Lavande	Sivka
Marjolaine	Majaron
Menthe	Meta
Persil	Peteršilj
Qualité	Kakovost
Romarin	Rožmarin
Safran	Žafran
Saveur	Okus
Thym	Timijan
Vert	Zelena

Insectes
Žuželke

Abeille	Čebela
Cafard	Ščurek
Cigale	Škržat
Coccinelle	Pikapolonica
Fourmi	Mravlja
Frelon	Sršen
Guêpe	Osa
Larve	Ličinka
Libellule	Kačji Pastir
Mante	Mantis
Moucheron	Gnat
Moustique	Komar
Papillon	Metulj
Puce	Bolha
Puceron	Listna Uš
Sauterelle	Kobilica
Scarabée	Hrošč
Termite	Termit
Ver	Črv

Instruments de Musique
Glasbila

Banjo	Banjo
Basson	Fagot
Clarinette	Klarinet
Flûte	Flavta
Gong	Gong
Guitare	Kitara
Harmonica	Orglice
Harpe	Harfa
Hautbois	Oboa
Mandoline	Mandolina
Marimba	Marimba
Percussion	Tolkala
Piano	Klavir
Saxophone	Saksofon
Tambour	Boben
Tambourin	Tamburin
Trombone	Trombon
Trompette	Trobenta
Violon	Violina
Violoncelle	Violončelo

Jardin
Vrt

Arbre	Drevo
Banc	Klop
Buisson	Grm
Clôture	Ograja
Étang	Ribnik
Fleur	Cvet
Garage	Garaža
Hamac	Viseča Mreža
Herbe	Trava
Jardin	Vrt
Mauvaises Herbes	Plevel
Pelle	Lopata
Pelouse	Trata
Porche	Veranda
Râteau	Grablje
Sol	Prst
Terrasse	Terasa
Trampoline	Trampolin
Tuyau	Cev
Verger	Sadovnjak

Jouets
Igrače

Argile	Glina
Artisanat	Obrti
Avion	Letalo
Balle	Žoga
Bateau	Čoln
Camion	Tovornjak
Cerf-Volant	Kite
Crayons	Barvice
Échecs	Šah
Favori	Najljubši
Imagination	Domišljija
Jeux	Igre
Livres	Knjige
Poupée	Lutka
Puzzle	Uganka
Robot	Robot
Tambours	Bobni
Train	Vlak
Vélo	Kolo
Voiture	Avto

Jours et Mois
Dnevi in Meseci

Août	Avgust
Avril	April
Calendrier	Koledar
Dimanche	Nedelja
Février	Februar
Janvier	Januar
Jeudi	Četrtek
Juillet	Julij
Juin	Junij
Lundi	Ponedeljek
Mardi	Torek
Mars	Marec
Mercredi	Sreda
Mois	Mesec
Novembre	November
Octobre	Oktober
Samedi	Sobota
Semaine	Teden
Septembre	September
Vendredi	Petek

Les Abeilles
Čebele

Ailes	Krila
Bénéfique	Koristno
Cire	Vosek
Diversité	Raznolikost
Essaim	Roj
Écosystème	Ekosistem
Fleur	Cvet
Fleurs	Cvetje
Fruit	Sadje
Fumée	Dim
Habitat	Habitat
Insecte	Žuželke
Jardin	Vrt
Miel	Med
Nourriture	Hrana
Plantes	Rastline
Pollen	Cvetni Prah
Reine	Kraljica
Ruche	Panj
Soleil	Sonce

Légumes
Zelenjava

Ail	Česen
Artichaut	Artičoka
Aubergine	Jajčevec
Brocoli	Brokoli
Carotte	Korenje
Céleri	Zelena
Champignon	Goba
Citrouille	Buče
Concombre	Kumara
Échalote	Šalotka
Épinard	Špinača
Gingembre	Ingver
Navet	Repa
Oignon	Čebula
Olive	Oljke
Persil	Peteršilj
Pois	Grah
Radis	Redkev
Salade	Solata
Tomate	Paradižnik

Littérature
Literatura

Analogie	Analogija
Analyse	Analiza
Anecdote	Anekdota
Auteur	Avtor
Biographie	Biografija
Comparaison	Primerjava
Conclusion	Sklep
Description	Opis
Dialogue	Dialog
Fiction	Fikcija
Métaphore	Metafora
Opinion	Mnenje
Poème	Pesem
Poétique	Poetično
Rime	Rima
Roman	Roman
Rythme	Ritem
Style	Slog
Thème	Tema
Tragédie	Tragedija

Livres
Knjige

Auteur	Avtor
Aventure	Pustolovščina
Collection	Zbirka
Contexte	Kontekst
Dualité	Dvojnost
Écrit	Pisno
Épique	Epski
Histoire	Zgodba
Historique	Zgodovinski
Humoristique	Šaljiv
Inventif	Iznajdljiv
Lecteur	Bralec
Littéraire	Literarno
Page	Stran
Pertinent	Relevantno
Poème	Pesem
Poésie	Poezija
Roman	Roman
Série	Serija
Tragique	Tragično

Maison
Hiša

Balai	Metla
Bibliothèque	Knjižnica
Chambre	Soba
Cheminée	Kamin
Clés	Tipke
Clôture	Ograja
Cuisine	Kuhinja
Douche	Tuš
Fenêtre	Okno
Garage	Garaža
Grenier	Podstrešje
Jardin	Vrt
Lampe	Svetilka
Miroir	Ogledalo
Mur	Zid
Plafond	Strop
Porte	Vrata
Rideaux	Zavese
Tapis	Preproga
Toit	Streha

Mammifères
Sesalci

Baleine	Kit
Chat	Mačka
Cheval	Konj
Chien	Pes
Coyote	Kojot
Dauphin	Delfin
Éléphant	Slon
Girafe	Žirafa
Gorille	Gorila
Kangourou	Kenguru
Lapin	Zajec
Lion	Lev
Loup	Volk
Mouton	Ovce
Ours	Medved
Renard	Lisica
Singe	Opica
Taureau	Bik
Tigre	Tiger
Zèbre	Zebra

Mathématiques
Matematika

Angles	Koti
Arithmétique	Aritmetika
Carré	Kvadrat
Circonférence	Obod
Décimal	Decimalno
Diamètre	Premer
Exposant	Eksponent
Équation	Enačba
Fraction	Ulomek
Géométrie	Geometrija
Parallèle	Vzporedno
Parallélogramme	Paralelogram
Perpendiculaire	Pravokotno
Périmètre	Obseg
Polygone	Poligon
Rayon	Polmer
Rectangle	Pravokotnik
Somme	Vsota
Symétrie	Simetrija
Triangle	Trikotnik

Mesures
Meritve

Centimètre	Centimeter
Degré	Stopnja
Décimal	Decimalno
Gramme	Gram
Hauteur	Višina
Kilogramme	Kilogram
Kilomètre	Kilometer
Largeur	Širina
Litre	Liter
Longueur	Dolžina
Masse	Masa
Mètre	Meter
Minute	Minuta
Octet	Bajt
Once	Unča
Poids	Teža
Pouce	Palca
Profondeur	Globina
Tonne	Ton

Méditation
Meditacija.

Acceptation	Sprejem
Attention	Pozornost
Calme	Miren
Clarté	Jasnost
Compassion	Sočutje
Émotions	Čustva
Éveillé	Buden
Gentillesse	Prijaznost
Gratitude	Hvaležnost
Habitudes	Navade
Mental	Duševno
Mouvement	Gibanje
Musique	Glasba
Nature	Narava
Observation	Opazovanje
Paix	Mir
Perspective	Perspektiva
Posture	Drža
Respiration	Dihanje
Silence	Tišina

Météo
Vreme

Arc-En-Ciel	Mavrica
Atmosphère	Atmosfera
Brise	Vetrič
Brouillard	Megla
Ciel	Nebo
Climat	Podnebje
Glace	Led
Inondation	Poplava
Mousson	Monsun
Nuage	Oblak
Ouragan	Orkan
Polaire	Polarni
Sec	Suha
Sécheresse	Suša
Température	Temperatura
Tempête	Nevihta
Tonnerre	Grom
Tornade	Tornado
Tropical	Tropski
Vent	Veter

Mythologie
Mitologija

Archétype	Arhetip
Catastrophe	Katastrofa
Comportement	Vedenje
Création	Ustvarjanje
Créature	Bitje
Culture	Kultura
Éclair	Strele
Force	Moč
Guerrier	Bojevnik
Héroïne	Junakinja
Héros	Junak
Immortalité	Nesmrtnost
Jalousie	Ljubosumje
Labyrinthe	Labirint
Légende	Legenda
Magique	Čarobno
Monstre	Pošast
Mortel	Smrtni
Tonnerre	Grom
Vengeance	Maščevanje

Nature
Narava

Abeilles	Čebele
Animaux	Živali
Arctique	Arktika
Beauté	Lepota
Brouillard	Megla
Désert	Puščava
Dynamique	Dinamično
Érosion	Erozija
Feuillage	Listje
Fleuve	Reka
Forêt	Gozd
Glacier	Ledenik
Montagnes	Gore
Nuage	Oblaki
Paisible	Mirno
Sanctuaire	Svetišče
Sauvage	Divji
Serein	Vedro
Tropical	Tropski

Nombres
Številke

Cinq	Pet
Deux	Dva
Décimal	Decimalno
Dix	Deset
Dix-Huit	Osemnajst
Dix-Neuf	Devetnajst
Dix-Sept	Sedemnajst
Douze	Dvanajst
Huit	Osem
Neuf	Devet
Quatorze	Štirinajst
Quatre	Štiri
Quinze	Petnajst
Seize	Šestnajst
Sept	Sedem
Six	Šest
Treize	Trinajst
Trois	Tri
Vingt	Dvajset
Zéro	Nič

Nourriture #1
Hrana #1

Ail	Česen
Basilic	Bazilika
Café	Kava
Cannelle	Cimet
Carotte	Korenje
Citron	Limona
Épinard	Špinača
Fraise	Jagoda
Jus	Sok
Lait	Mleko
Navet	Repa
Oignon	Čebula
Orge	Ječmen
Poire	Hruška
Salade	Solata
Sel	Sol
Soupe	Juha
Sucre	Sladkor
Thon	Tuna
Viande	Meso

Nourriture #2
Hrana #2

Amande	Mandljev
Aubergine	Jajčevec
Banane	Banana
Blé	Pšenica
Brocoli	Brokoli
Cerise	Češnja
Céleri	Zelena
Champignon	Goba
Chocolat	Čokolada
Jambon	Šunka
Kiwi	Kivi
Mangue	Mango
Oeuf	Jajce
Pain	Kruh
Poisson	Ribe
Pomme	Jabolko
Poulet	Piščanec
Raisin	Grozdje
Riz	Riž
Tomate	Paradižnik

Nutrition
Prehrana

Amer	Grenko
Appétit	Apetit
Calories	Kalorij
Comestible	Užitna
Diète	Dieta
Digestion	Prebava
Épices	Začimbe
Équilibré	Uravnoteženo
Fermentation	Fermentacija
Ingrédients	Sestavine
Liquides	Tekočine
Poids	Teža
Protéines	Beljakovine
Qualité	Kakovost
Sain	Zdrav
Santé	Zdravje
Sauce	Omaka
Saveur	Okus
Toxine	Toksin
Vitamine	Vitamin

Océan
Ocean

Anguille	Jegulja
Baleine	Kit
Bateau	Čoln
Corail	Korale
Crabe	Rak
Crevette	Kozica
Dauphin	Delfin
Éponge	Goba
Huître	Ostrige
Marées	Plimovanje
Méduse	Meduze
Poisson	Ribe
Poulpe	Hobotnica
Requin	Morski Pes
Récif	Greben
Sel	Sol
Tempête	Nevihta
Thon	Tuna
Tortue	Želva
Vagues	Valovi

Oiseaux
Ptice

Aigle	Orel
Autruche	Noj
Canard	Raca
Cigogne	Štorklja
Colombe	Golob
Corbeau	Vrana
Coucou	Kukavica
Cygne	Labod
Flamant	Flamingo
Héron	Čaplja
Manchot	Pingvin
Moineau	Vrabec
Mouette	Galeb
Oeuf	Jajce
Oie	Gos
Paon	Pav
Perroquet	Papiga
Pélican	Pelikan
Poulet	Piščanec
Toucan	Tukan

Pays #2
Države #2

Albanie	Albanija
Chine	Kitajska
Danemark	Danska
France	Francija
Haïti	Haiti
Indonésie	Indonezija
Irlande	Irska
Jamaïque	Jamajka
Japon	Japonska
Kenya	Kenija
Laos	Laos
Liban	Libanon
Mexique	Mehika
Ouganda	Uganda
Pakistan	Pakistan
Russie	Rusija
Somalie	Somalija
Soudan	Sudan
Syrie	Sirija
Ukraine	Ukrajina

Paysages
Pokrajine

Cascade	Slap
Colline	Hrib
Désert	Puščava
Estuaire	Ustje
Fleuve	Reka
Geyser	Gejzir
Glacier	Ledenik
Grotte	Jama
Iceberg	Ledena Gora
Île	Otok
Lac	Jezero
Marais	Močvirje
Mer	Morje
Montagne	Gora
Oasis	Oaza
Péninsule	Polotok
Plage	Plaža
Toundra	Tundra
Vallée	Dolina
Volcan	Vulkan

Pêche
Ribolov

Appât	Vaba
Bateau	Čoln
Branchies	Škrge
Crochet	Kljuka
Cuire	Kuhati
Eau	Voda
Exagération	Pretiravanje
Équipement	Oprema
Fil	Žica
Fleuve	Reka
Lac	Jezero
Mâchoire	Čeljust
Océan	Ocean
Panier	Košara
Plage	Plaža
Poids	Teža
Saison	Sezona

Pirates
Pirati

Ancre	Sidro
Aventure	Pustolovščina
Capitaine	Kapitan
Carte	Zemljevid
Cicatrice	Brazgotina
Danger	Nevarnost
Drapeau	Zastava
Épée	Meč
Équipage	Posadka
Grotte	Jama
Île	Otok
Légende	Legenda
Mauvais	Slab
Océan	Ocean
Or	Zlato
Perroquet	Papiga
Pièces	Kovanci
Plage	Plaža
Rhum	Rum
Trésor	Zaklad

Plage
Plaža

Bateau	Čoln
Bleu	Modra
Coquilles	Lupine
Côte	Obala
Crabe	Rak
Dock	Dok
Île	Otok
Lagune	Laguna
Mer	Morje
Océan	Ocean
Parapluie	Dežnik
Récif	Greben
Sable	Pesek
Sandales	Sandali
Serviette	Brisača
Soleil	Sonce
Vacances	Dopust
Voilier	Jadrnica

Plantes
Rastline

Arbre	Drevo
Baie	Jagodičje
Bambou	Bambus
Botanique	Botanika
Buisson	Grm
Cactus	Kaktus
Engrais	Gnojilo
Feuillage	Listje
Fleur	Cvet
Flore	Flora
Forêt	Gozd
Grandir	Rasti
Haricot	Fižol
Herbe	Trava
Jardin	Vrt
Lierre	Bršljan
Mousse	Mah
Pétale	Cvetni List
Racine	Koren
Végétation	Vegetacija

Professions #1
Poklici #1

Ambassadeur	Ambasador
Artiste	Umetnik
Astronome	Astronom
Avocat	Odvetnik
Banquier	Bankir
Bijoutier	Zlatar
Cartographe	Kartograf
Chasseur	Lovec
Danseur	Plesalka
Entraîneur	Trener
Éditeur	Urednik
Géologue	Geolog
Médecin	Zdravnik
Musicien	Glasbenik
Pianiste	Pianist
Plombier	Vodovodar
Pompier	Gasilec
Psychologue	Psiholog
Scientifique	Znanstvenik
Vétérinaire	Veterinar

Professions #2
Poklici #2

Astronaute	Astronavt
Bibliothécaire	Knjižničar
Biologiste	Biolog
Chercheur	Raziskovalec
Chirurgien	Kirurg
Dentiste	Zobozdravnik
Détective	Detektiv
Enseignant	Učitelj
Illustrateur	Ilustrator
Ingénieur	Inženir
Inventeur	Izumitelj
Jardinier	Vrtnar
Journaliste	Novinar
Linguiste	Jezikoslovec
Médecin	Zdravnik
Peintre	Slikar
Philosophe	Filozof
Photographe	Fotograf
Pilote	Pilot
Zoologiste	Zoolog

Randonnée
Pohodništvo

Animaux	Živali
Bottes	Škornji
Camping	Kampiranje
Carte	Zemljevid
Climat	Podnebje
Dangers	Nevarnosti
Eau	Voda
Fatigué	Utrujen
Guides	Vodniki
Lourd	Težka
Météo	Vreme
Montagne	Gora
Nature	Narava
Orientation	Orientacija
Parcs	Parki
Pierres	Kamni
Préparation	Priprava
Sauvage	Divji
Soleil	Sonce
Sommet	Vrh

Remplir
Za Zapolnitev

Baignoire	Kad
Baril	Sod
Bassin	Bazen
Boîte	Škatla
Bouteille	Steklenica
Caisse	Zaboj
Dossier	Mapa
Enveloppe	Ovojnica
Navire	Plovilo
Panier	Košara
Paquet	Paket
Plateau	Pladenj
Poche	Žep
Pot	Jar
Sac	Torba
Seau	Vedro
Tiroir	Predal
Tube	Cev
Valise	Kovček
Vase	Vaza

Restaurant #1
Restavracija #1

Allergie	Alergija
Assiette	Plošča
Bol	Skleda
Café	Kava
Caissier	Blagajnik
Couteau	Nož
Cuisine	Kuhinja
Dessert	Sladica
Épicé	Začinjen
Ingrédients	Sestavine
Menu	Meni
Nourriture	Hrana
Pain	Kruh
Poulet	Piščanec
Réservation	Rezervacija
Sauce	Omaka
Serveuse	Natakarica
Serviette	Prtiček
Viande	Meso

Restaurant #2
Restavracija #2

Boisson	Pijača
Chaise	Stol
Cuillère	Žlica
Déjeuner	Kosilo
Délicieux	Odlično
Dîner	Večerja
Eau	Voda
Épices	Začimbe
Fourchette	Vilice
Fruit	Sadje
Gâteau	Torta
Glace	Led
Légumes	Zelenjava
Nouilles	Rezanci
Oeuf	Jajca
Poisson	Ribe
Salade	Solata
Sel	Sol
Serveur	Natakar
Soupe	Juha

Salle de Bains
Kopalnica

Bain	Kopel
Bulles	Mehurčki
Ciseaux	Škarje
Douche	Tuš
Eau	Voda
Éponge	Goba
Évier	Umivalnik
Lotion	Losjon
Miroir	Ogledalo
Parfum	Parfum
Robinet	Pipa
Savon	Milo
Serviette	Brisača
Shampooing	Šampon
Tapis	Preproga
Toilette	Stranišče
Vapeur	Para

Science
Znanost

Atome	Atom
Chimique	Kemikalija
Climat	Podnebje
Données	Podatki
Expérience	Poskus
Évolution	Evolucija
Fait	Dejstvo
Fossile	Fosil
Gravité	Gravitacija
Hypothèse	Hipoteza
Laboratoire	Laboratorij
Méthode	Metoda
Minéraux	Minerali
Molécules	Molekule
Nature	Narava
Observation	Opazovanje
Organisme	Organizem
Particules	Delci
Physique	Fizika
Scientifique	Znanstvenik

Science-Fiction
Znanstvena Fantastika.

Atomique	Atomski
Cinéma	Kino
Explosion	Eksplozija
Extrême	Ekstremno
Fantastique	Fantastično
Feu	Požar
Futuriste	Futuristično
Galaxie	Galaksija
Illusion	Iluzija
Imaginaire	Imaginarno
Livres	Knjige
Monde	Svet
Mystérieux	Skrivnostno
Oracle	Orakelj
Planète	Planet
Réaliste	Realističen
Robots	Roboti
Scénario	Scenarij
Technologie	Tehnologija
Utopie	Utopija

Sports
Šport

Arbitre	Sodnik
Athlète	Športnik
Base-Ball	Baseball
Basket-Ball	Košarka
Championnat	Prvenstvo
Entraîneur	Trener
Équipe	Ekipa
Gagnant	Zmagovalec
Golf	Golf
Gymnastique	Gimnastika
Hockey	Hokej
Jeu	Igra
Joueur	Igralec
Mouvement	Gibanje
Stade	Stadion
Tennis	Tenis
Vélo	Kolo

Surf
Deskanje

Amusement	Zabavno
Athlète	Športnik
Champion	Prvak
Débutant	Začetnik
Estomac	Želodec
Extrême	Ekstremno
Force	Moč
Foules	Množice
Météo	Vreme
Mousse	Pena
Océan	Ocean
Pagaie	Veslo
Plage	Plaža
Populaire	Priljubljeno
Récif	Greben
Style	Slog
Vague	Val
Vitesse	Hitrost

Technologie
Tehnologija

Affichage	Prikaz
Blog	Blog
Caméra	Fotoaparat
Curseur	Kurzor
Données	Podatki
Écran	Zaslon
Fichier	Mapa
Internet	Internet
Message	Sporočilo
Navigateur	Brskalnik
Numérique	Digitalno
Octets	Bajti
Ordinateur	Računalnik
Police	Pisava
Recherche	Raziskave
Sécurité	Varnost
Statistiques	Statistika
Virtuel	Virtualno
Virus	Virus

Temps
Čas

Année	Leto
Annuel	Letni
Après	Po
Aujourd'Hui	Danes
Avant	Pred
Bientôt	Kmalu
Calendrier	Koledar
Décennie	Desetletje
Futur	Prihodnost
Hier	Včeraj
Horloge	Ura
Jour	Dan
Maintenant	Zdaj
Matin	Jutro
Midi	Opoldne
Minute	Minuta
Mois	Mesec
Nuit	Noč
Semaine	Teden
Siècle	Stoletje

Types de Cheveux
Vrste Las

Argent	Srebro
Blanc	Bela
Blond	Blond
Boucles	Kodri
Brillant	Sijoče
Chauve	Plešast
Court	Kratek
Doux	Mehko
Épais	Debel
Frisé	Kodrasti
Gris	Siva
Long	Dolga
Marron	Rjav
Mince	Tanek
Noir	Črna
Ondulé	Valovita
Sain	Zdrav
Sec	Suha
Tresses	Kite
Tressé	Pleteno

Vacances #2
Počitniški #2

Aéroport	Letališče
Camping	Kampiranje
Carte	Zemljevid
Destination	Cilj
Étranger	Tujec
Hôtel	Hotel
Île	Otok
Loisir	Prosti Čas
Mer	Morje
Passeport	Potni List
Plage	Plaža
Restaurant	Restavracija
Réservations	Rezervacije
Taxi	Taksi
Tente	Šotor
Train	Vlak
Transport	Prevoz
Vacances	Počitnice
Visa	Vizum
Voyage	Potovanje

Vertus #1
Vrline #1

Artistique	Umetniška
Bon	Dobro
Charmant	Očarljiv
Curieux	Radoveden
Décisif	Odločilen
Drôle	Smešno
Efficace	Učinkovito
Fiable	Zanesljiv
Généreux	Velikodušen
Indépendant	Neodvisna
Intelligent	Inteligenten
Modeste	Skromen
Passionné	Strasten
Patient	Potrpežljiv
Pratique	Praktično
Propre	Čist
Sage	Moder
Utile	Koristno

Véhicules
Vozila

Ambulance	Ambulanta
Avion	Letalo
Bateau	Čoln
Bus	Avtobus
Camion	Tovornjak
Caravane	Karavana
Ferry	Trajekt
Fusée	Raketa
Hélicoptère	Helikopter
Moteur	Motor
Pneus	Pnevmatike
Radeau	Splav
Scooter	Skuter
Sous-Marin	Podmornica
Taxi	Taksi
Tracteur	Traktor
Train	Vlak
Van	Van
Vélo	Kolo
Voiture	Avto

Vêtements
Oblačila

Bracelet	Zapestnica
Ceinture	Pas
Chapeau	Klobuk
Chaussure	Čevelj
Chemise	Srajca
Chemisier	Bluza
Collier	Ogrlica
Foulard	Šal
Gants	Rokavice
Jeans	Kavbojke
Jupe	Krilo
Manteau	Plašč
Mode	Moda
Pantalon	Hlače
Pull	Pulover
Pyjama	Pižame
Robe	Obleka
Sandales	Sandali
Tablier	Predpasnik
Veste	Jakna

Ville
Mesto

Aéroport	Letališče
Banque	Banka
Bibliothèque	Knjižnica
Boulangerie	Pekarna
Cinéma	Kino
Clinique	Klinika
École	Šola
Fleuriste	Cvetličar
Galerie	Galerija
Hôtel	Hotel
Librairie	Knjigarna
Marché	Trg
Musée	Muzej
Pharmacie	Lekarna
Restaurant	Restavracija
Stade	Stadion
Supermarché	Supermarket
Théâtre	Gledališče
Université	Univerza
Zoo	Živalski Vrt

Félicitations

Vous avez réussi !

Nous espérons que vous avez apprécié ce livre autant que nous avons pris plaisir à le concevoir. Nous faisons de notre mieux pour créer des livres de la meilleure qualité possible.
Cette édition est conçue pour permettre un apprentissage intelligent et de qualité en se divertissant !

Vous avez aimé ce livre ?

Une Simple Demande

Nos livres existent grâce aux avis que vous publiez. Pourriez-vous nous aider en laissant un avis maintenant ?

Voici un lien rapide qui vous mènera à votre page d'évaluation de vos commandes :

BestBooksActivity.com/Avis50

CHALLENGE FINAL !

Défi n°1

Êtes-vous prêt pour votre jeu bonus ? Nous les utilisons tout le temps mais ils ne sont pas si faciles à trouver. Voici les **Synonymes** !

Notez 5 mots que vous avez trouvés dans les puzzles notés ci-dessous (n°21, n°36, n°76) et essayez de trouver 2 synonymes pour chaque mot.

Notez 5 Mots du *Puzzle 21*

Mots	Synonyme 1	Synonyme 2

Notez 5 Mots du *Puzzle 36*

Mots	Synonyme 1	Synonyme 2

Notez 5 Mots du *Puzzle 76*

Mots	Synonyme 1	Synonyme 2

Défi n°2

Maintenant que vous vous êtes échauffé, notez 5 mots que vous avez découverts dans les Puzzles n° 9, n° 17, n° 25 et essayez de trouver 2 antonymes pour chaque mot. Combien pouvez-vous en trouver en 20 minutes ?

Notez 5 Mots du **Puzzle 9**

Mots	Antonyme 1	Antonyme 2

Notez 5 Mots du **Puzzle 17**

Mots	Antonyme 1	Antonyme 2

Notez 5 Mots du **Puzzle 25**

Mots	Antonyme 1	Antonyme 2

Défi n°3

Formidable ! Ce défi final n'est rien pour vous.

Prêt pour le dernier défi ? Choisissez 10 mots que vous avez découverts parmi les différents puzzles et notez-les ci-dessous.

1.	6.
2.	7.
3.	8.
4.	9.
5.	10.

Maintenant, composez un texte en pensant à une personne, un animal ou un lieu que vous aimez !

Astuce: Vous pouvez utiliser la dernière page de ce livre comme brouillon !

Votre Composition :

_____

_____

_____

_____

_____

_____

_____

CARNET DE NOTES :

À TRÈS BIENTÔT !

Toute l'équipe

DECOUVREZ DES JEUX GRATUITS

GO

↓

BESTACTIVITYBOOKS.COM/FREEGAMES